# 세상을 바꾸는
# 여성 엔지니어 20

미래의 설계자들, 공학과 사회를 연결하다

미래의 설계자들, 공학과 사회를 연결하다

# 세상을 바꾸는
# 여성 엔지니어 20

**초판 1쇄 인쇄일** 2025년 11월 5일
**초판 1쇄 발행일** 2025년 11월 17일

**지은이** (사)한국여성공학기술인협회
**펴낸이** 양옥매
**디자인** 송다희 표지혜
**마케팅** 송용호

〈편집위원회〉
**위원장** 기유경 ㈜유로컨설팅 대표이사
**위　원** 박동희 한국수력원자력 처장
　　　　 이경자 인하대학교 교수
　　　　 이귀림 한국원자력연구원 책임연구원
　　　　 황정희 한국전력기술 기술관리팀장
　　　　 사민지 한국여성공학기술인협회 선임연구원

**펴낸곳** 도서출판 책과나무
**출판등록** 제2012-000376
**주소** 서울특별시 마포구 방울내로 79 이노빌딩 302호
**대표전화** 02.372.1537　**팩스** 02.372.1538
**이메일** booknamu2007@naver.com
**홈페이지** www.booknamu.com
ISBN 979-11-6752-704-2 (03300)

* 저작권법에 의해 보호를 받는 저작물이므로 저자와 출판사의 동의 없이
　내용의 일부를 인용하거나 발췌하는 것을 금합니다.
* 파손된 책은 구입처에서 교환해 드립니다.

# 세상을 바꾸는
# 여성 엔지니어 20

미래의 설계자들, 공학과 사회를 연결하다

(사)한국여성공학기술인협회 펴냄

책나무과무

| 축사 |

# 현장의 이야기를 담아, 더 많은 여성공학인의 배출로

최순자
전 인하대 총장, WITECK 1·2대 회장

㈔한국여성공학기술인협회의 대표적 사업이면서 협회의 대표 브랜드가 된『세상을 바꾸는 여성엔지니어』(가칭 '세·바·여')의 "미래의 설계자들, 공학과 사회를 연결하다" 출간을 축하합니다.

2004년 한국여성공학기술인협회(WITECK)가 출범하면서 시작한『세·바·여』는 취약한 환경에서 오뚜기처럼 살아가던 대표적 여성공학인의 삶의 현장 이야기를 담아내 왔습니다. 20여 년간 출간된『세·바·여』는 우리 협회의 역사와 전통이 되었으며,『세·바·여』20호 출간을 맞이하여 여성공학인이 사회에서 어떻게 자리매김하고 있는지 살펴보면 그 변화에 격세지감을 느낍니다.

지난 20년간 공학계 여성 진출은 고무적이었습니다. 공과대학 재학 여학생은 2004년에 78,985명(학사 68,038, 석사 4,962, 박사 985명)이었으나 2024년에는 145,623명(학사 128,480, 석사 11,915, 박사 5,228명)으로 84.4% 증가했습니다. 전체 공대학생 비율로도 2004년

12.9%에서 2024년 22%로 증가하였습니다. 이는 2024년 자연계나 의학계 총여학생 수가 각각 111,648명, 100,434명이었던 것보다 30% 이상 많은 인원입니다. 앞으로 더 많은 훌륭한 여성공학인이 배출되도록 노력하는 것이 우리 협회의 미션입니다.

우리 사회는 적정 성비가 필요합니다. 적정 성비란 남녀의 성비가 30:70으로 하나의 성이 30%는 되도록 균형을 만드는 것입니다. 초·중등 교사의 여성 성비 85~95%나 산업현장의 남성 성비 80%는 건전한 사회 발전에 저해가 됩니다. 산업사회의 여성공학인 성비 30% 달성을 위해 여성공학인의 더 많은 육성과 지원이 필요합니다.

다양한 분야에서 고전분투하는 22명의 집필진 여성엔지니어들에게 격려와 찬사를 보냅니다. 또한 『세·바·여』 집필을 주관하신 "세바여 집필위원회", 협회 사무진, 이영옥 회장과 부회장, 이사 등 집행부에 감사합니다.

한국여성공학기술인협회와 회원들의 발전을 기원합니다.

| 격려사 |

## 꿈을 향해, 미래를 향해!
## 여성엔지니어의 도전과 성취

최영미
(전) 성결대 공과대학장, WITECK 5대회장

안녕하세요? 사랑하는 여성 공학인 여러분!

『세상을 바꾸는 여성 엔지니어』제20권, "미래 설계자들, 공학과 사회를 연결하다"의 출간을 진심으로 축하합니다. 지난 2004년, 산업자원부의 여성 공학기술인 육성과 활용 정책 일환으로 (사)한국여성공학기술인협회가 창립되었고, (사)한국공학한림원의 지원 아래 제1권이 출간되었습니다. 그 후 오늘에 이르기까지 매년 『세상을 바꾸는 여성 엔지니어』 출간이 이어져, 산업 현장에서 필요로 하는 여성 공학인들을 발굴하여 육성하고 활용을 극대화하는 데 많은 기여를 해 왔습니다.

올해 제20권까지 420여 명의 여성 엔지니어가 집필한 글들을 살펴보면, 공학을 선택하게 된 계기, 공학을 전공하고 산업체, 연구소, 교육기관 등 다양한 현장에서 근무하며 부닥친 장애물을 넘어 더 큰 도전으로 극복해야 했던 경험담을 진솔하게 풀어내고 있습니다. 저자들의 울림 있는 스토리를 재미있게 읽어 내려가면서 그 행간을 들여다보면,

- 내가 하는 일을 통해 주위에 긍정적인 영향을 주었는가?
- 나의 경력은 나에게 적합한 역량 자산과 사회적 위치를 부여했는가?
- 내가 다른 일을 했더라면 더 잘할 수 있었을까?
- 내가 택한 직업에 최선을 다했으며 내 삶에 대해 보람을 느꼈는가?
- 앞으로 여성공학인은 나보다 더 나은 환경에서 일할 수 있을까?

이러한 질문을 던지고 답하는 과정에서 인생에 대한 자신감을 얻고, 이야기를 나누고, 도전과 성취를 공유하며, 꿈을 향해 나아가는 힘을 얻어서 역량 있는 여성 엔지니어로 성장하는 모습을 보여 주고 있습니다.

산업 현장에서 여성 공학 인력의 진출과 성장은 개인의 경력을 넘어 국가 산업 경쟁력과 직결되는 중요한 과제입니다. 산업 기술의 빠른 전환과 인재 확보 경쟁 등의 현실 속에서 여성공학인력은 국가 발전을 위한 핵심 동력 중 하나로서 공학계열 여성들의 산업현장 진출 확대는 첨단기술 발전의 다양성과 혁신에 새로운 기운을 불어넣고 성장 동력을 창출하는 기회가 될 것입니다. 이 책은 자신의 진로를 찾기 위해 이 순간에도 고민하는, 또는 공학에 관심을 가지고 미래 공학도를 꿈꾸는 모든 여학생에게 좋은 길잡이가 되고 본보기를 제공할 것입니다.

다시 한번 『세상을 바꾸는 여성 엔지니어』 제20권 발간을 축하하며, 한국여성공학기술인협회와 회원들의 무궁한 발전을 기원합니다. 고맙습니다.

| 서문 |

# 여성공학인 22인의
# 멈추지 않는 열정, 경계를 허무는 여정

이영옥
한국여성공학기술인협회 회장

올해 창립 21주년을 맞아『세상을 바꾸는 여성엔지니어 20』(줄임말 '세·바·여 20')을 출간하게 되어 무한히 기쁩니다. 특히『세·바·여 20』은 "미래의 설계자들, 공학과 사회를 연결하다"라는 소제목하에 다양한 분야에서 멈추지 않는 열정으로 도전하고 경계를 허물며 성장하는 22인의 생생한 현장 스토리를 담았습니다.

우리나라는 최근 20년 동안 급격한 출산율 감소로 경제활동 인구 감소가 본격화되고, '공대에 미친 중국, 의대에 미친 한국'으로 대표되는 의대 쏠림 현상으로 인해 우수한 과학기술 인재들이 공학분야를 기피하는 현상이 일어나고 있습니다. 또한 반도체·에너지·인공지능·바이오 등 첨단산업이 고도화될수록 우수한 기술인력 확보가 국가경쟁력의 중요 이슈가 되고 있으나, 산업현장에서는 기술인력 부족률 문제가 해마다 심화되고 있으며, 특히 첨단산업 분야에서 인력 수급의 불균형이 심화되고 있습니다. 이에 우수한 여성공학인재 양성과 핵심인재로의 육성이 더욱 중요해지고 있습니다.

한국여성공학기술인협회는 우수한 여성공학인재를 양성·지원하기 위해 여성공학인력의 산업현장 진출 촉진, 현장적응력 제고, 생애주기별 성장 지원, 산업계 고위직급에서의 성별 불균형 해소 등 양성평등의 산업생태계를 조성하고 핵심리더를 육성하여 첨단산업 발전의 안정적인 기반 마련을 위해 다양한 사업을 수행하고 있습니다. 이러한 노력의 일환으로 매년 『세·바·여』를 출간하고 있으며, 올해 제20권까지 420여 명의 여성엔지니어들이 저자로 참여하여 자신의 역경 극복 과정과 성장 스토리를 함께 나누고 있습니다.

대부분의 남녀공학 고등학교에서 최상위권의 80% 이상은 여학생이 차지하고 있지만 공과대학의 여학생 비율은 30%를 넘지 못하고 있는 현실에서 『세·바·여』가 중·고교 여학생들에게 공학에 대한 지속적인 관심을 유도하여 여학생의 공학 전공 비중을 늘리는 밑거름이 되기를 바랍니다. 또한 다양한 산업현장에 진출하여 성장하면서 뜻하지 않은 어려움을 마주했을 때, 유사한 역경을 극복한 선배들의 이야기가 문제를 푸는 해결의 실마리가 되기를 바랍니다.

마지막으로, 『세·바·여 20』 출판을 위해 다양한 산업분야에서 어떤 선택과 노력을 하여 자신의 업(業)을 찾고 더 나은 미래를 위해 살고 있는지, 진솔하게 경험을 나누어 주신 22인의 저자들께 진심으로 감사드립니다. 또한 이 책의 출판을 위해 애써 주신 협회 편집위원회 기유경 위원장, 한지영 부회장, 사무국 직원과 도서출판 책과나무 양옥매 대표께 깊은 감사를 드립니다.

축사 4 ｜ 격려사 6 ｜ 서문 8

1부

# 용기:
# 함께 나누며 이끄는 리더십

기계, 전기, 우주항공공학, 재료공학

| | | |
|---|---|---|
| 이지영 | 기술을 넘어 사람과 세상을 연결하다 | 14 |
| 이유진 | 시간과 함께 성장하는 나 | 23 |
| 신호전 | 나눔과 공감, 기술사에서 조직 리더로 성장한 여정 | 30 |
| 김경미 | 아직도 조금씩 느리게 성장하고 있어요 | 38 |
| 김민희 | 항공우주에서 원자력까지, 경계를 넘어 달리다 | 44 |
| 김주아 | 역경과 고난은 지금의 단단한 나를 만들었다 | 49 |

2부

# 열정:
# 끊임없이 쌓아 올린 시간들

건축학, 건축공학

| | | |
|---|---|---|
| 황지애 | 밑도 끝도 없이, 그러나 치열하게 | 56 |
| 김혜진 | 나의 커리어를 스토리텔링하자! | 66 |
| 제은순 | 남산 위의 소나무처럼 | 76 |
| 김세희 | 지도를 바꾸는 위대한 일 | 84 |
| 황연숙 | 건축을 한다는 것, 재능보다는 진심 어린 마음 | 93 |

**차례**

3부

# 연대:
# 도전하며 열어 가는 나의 길

**환경공학, 생명공학, 식품공학**

| | | |
|---|---|---|
| 김경미 | 나의 꿈은 깨끗한 공기와 푸른 하늘이다 | 102 |
| 조경숙 | 추격하는 제자에 앞서 도망가는 스승 | 110 |
| 권민희 | 세상을 바꾸는 여성엔지니어로서의 여정 | 120 |
| 탁유경 | 상상에서 현실로, 나의 도전과 성장의 기록 | 128 |
| 김기은 | 늘, 새로운 시작과 도전! | 134 |
| 박진희 | 연구실 밖으로 나온 과학자, 사업의 미래를 요리하다 | 142 |

4부

# 확장:
# 경계를 넘어 연결되는 세상

**컴퓨터공학, 인공지능, 인간공학, 산업공학**

| | | |
|---|---|---|
| 박수희 | 끌림이 커리어가 되도록(From Curiosity To Career) | 152 |
| 황정희 | 우연처럼 시작된 일들이 내 인생이 되다 | 159 |
| 임호정 | 연구자의 길, 멈추지 않는 탐색 | 167 |
| 김경이 | 천체물리학자에서 인공지능 학자로 | 177 |
| 이가은 | 보이지 않는 것을 설계하는 여정 | 184 |

1부

# 용기

**: 함께 나누며 이끄는 리더십**
(기계, 전기, 우주항공공학, 재료공학)

## 기술을 넘어 사람과 세상을 연결하다

이지영
HPPK 프로그램매니저

중앙대학교 기계공학부에서 학사 학위를 취득한 후, 2012년부터 삼성전자 IT솔루션사업부로 입사하여 기구개발자로서 약 6년여간 근무하였다. 2017년 11월부터 HP에 합류하여 기구 개발과 소재 개발 등 다양한 분야를 경험하며 리스킬링을 해 왔고, 현재는 프로그램 매니저이다. SWE의 글로벌 홍보대사로 4년째 활동해 오고 있으며 SWE Korea 회장을 역임하고 WITECK에서 대회협력부문 이사로 여성엔지니어의 성장을 위한 커뮤니티와 네트워킹에도 꾸준한 관심을 가지고 참여하고 있다.

## 나만의 모험을 시작하며

어릴 적 나는 만화 속 용사가 되고 싶었다.

나에게는 세상을 구하겠다는 거창한 의미보다는, 매일 새로운 도전에 나서고 자신의 한계에 맞서는 그들의 이야기가 더 매력적으로 다가왔다.

그래서 나는 무엇을 잘할 수 있는지도, 어떤 길로 가야 하는지도 알지 못했지만, 일단 해 보자는 마음으로 첫걸음을 내디뎠다. 그러다 벽에 부딪히면 넘어 보려고 애썼고, 노력했지만 더 이상 앞으로 나아갈 수 없을 때는 그곳이 내 한계임을 인정하고 새로운 도전을 찾아 나서는 것이 나의 일상이었다.

## 챕터 1. 몰라서 더 설레는 첫 도전

나는 뭔가 이름부터 흥미롭고 취업이 잘된다는 이유로 기계공학부를 선택했다. 사실 큰 계획이 있었던 것도, 정보가 많았던 것도 아니었다. 그저 어린 시절 LG 과학전시관에서 보았던 미래형 기기들, 움직이는 로봇을 조립했던 기억이 내 안에 남아 있었고, 그때의 감동이 나를 이끌었던 것 같다.

주변에서는 기계공학이 주로 남학생들이 선택하는 전공이라며 걱정하기보다는 오히려 내 선택을 응원해 주었다. 돌이켜 보면, 부모님은 언제나 편견 없이 내 선택을 믿어 주셨다. 그 응원이 있었기에 나도 자연스럽게 다양성을 존중하고, 새로운 가능성을 믿는 리더십을 배울 수 있었다.

입학해 보니 전공과목은 업그레이드된 수학과 과학의 세계였고 나를 위한 전공인가 싶었다. 나에게 시련이었던 CAD 과목만 제외하면 전공 수업에서 좋은 학점을 받았다. 예상치 못한 좋은 결과는 자신감을 주었고, 공부를 할수록 세상을 새로운 눈으로 바라볼 수 있게 되었다. 내가 지금 서 있는 횡단보도의 신호등이 어떤 변수를 고려하여 설계된 것인지, 우리의 편안함을 위해 얼마나 많은 기술 혁신이 이루어지는지를 알게 되자 비로소 세상이 전보다 넓고 다르게 보이기 시작했다.

하지만 3학년 2학기쯤 동기들이 군대나 어학연수로 휴학을 하거나 대학원을 준비하며 흩어지는 것을 보며 새로운 자극을 원했던 나는 인턴십에 지원했고, 4학년 1학기에 삼성전자에서 산학인턴을 하게 되었다.

인턴이 되기 위해 치른 인적성 검사와 대면 면접은 나에게 좋은 기회였다. 너무 어려운 질문을 받을 때는 잠시 서럽기도 했지만 끝까지 차근차근 대답을 해냈다. 그 경험은 이후 다른 회사 면접에서도 든든한 예방접종 같은 역할을 해 주었다.

회사에서 보낸 한 학기는 내게 진로를 탐색할 수 있는 소중한 시간이었다. 인턴을 시작할 때만 해도 '엔지니어=R&D'라고 생각했지만, 현장에서 다양한 직무를 직접 보고 배우면서 시야가 넓어졌다.

졸업식도 하기 전에 나는 신입사원으로 전환되어 입사했다. 새로 시작하는 A3 복합기 사업의 스캐너 개발자로서 문제를 해결하고 파생 프로젝트의 영향을 검토했다. 그리고 일정이 촉박한 다른 과제에 잠시 투입되기도 하며 중국 출장도 가는 바쁜 일상이 이어졌다.

모든 게 낯설고 시간은 늘 부족했지만, 매일 새로운 상황을 마주하며 배우는 즐거움은 더 컸다. 사업이 막 시작되는 단계라 체계가 다양한 업무까지 경험할 수 있었고, 이를 통해 제조업의 전반적인 프로세스를 자연스럽게 이해하게 되었다.

물론 가끔은 '이 길이 내 길이 맞을까?' 하는 고민도 있었다. 하지만 멈추지 않고 걷다 보니 결국 길은 있었다. 그렇게 한 걸음씩 쌓아 올린 경험은 나를 더 큰 세상으로 이끌 준비를 시켜 주고 있었다.

## 챕터 2. 연결될수록 넓어지는 나의 세계

임신과 출산, 그리고 육아휴직을 거쳐 복직한 이후, 회사의 인수합병으로 나는 HP에 합류하게 되었다. 새로운 환경에서 나는 여러 번의 부서 이동을 경험했다. 스캐너 기구 개발을 하다가, 이후 토너랩으로 이동하며 소재 개발이라는 새로운 업무를 맡게 되었다. 화학공학 전공자들이 주를 이루는 팀에서 처음 다루는 기술을 배우는 일은 쉽지 않았지만, 다정한 매니저와 동료들의 도움으로 차근차근 새로운 지식과 기술을 쌓아 갈 수 있었다.

처음에는 낯설고 벅찼지만, 지금 돌이켜 보면 그 시간은 나에게 배움의 폭을 넓혀 준 소중한 기회였다. 무엇보다 나는 한 분야에만 깊이 몰두하는 스페셜리스트보다는, 새로운 도전을 즐기는 제너럴리스트로 성장하고 싶다는 내 성향을 더 잘 알게 되었다.

그러다 어느 순간, 상상하지 못했던 또 다른 길이 열렸다. 여러 사람들과 대화를 나누고 다양한 영역을 조율하며 이끌어 가는 역할에 흥미를 느끼던 나는 프로그램 매니저라는 직무를 맡게 되었다. 비즈니스 케이스부터 제품 출시까지 전 과정을 책임지며, 전 세계에 흩어져 있는 이해관계자들과 끊임없이 협업하는 새로운 세계가 열렸다.

처음에는 조율해야 할 사람도, 다뤄야 할 기술도, 맞춰야 할 비즈니스 목표도 많아 부담스러웠다. 하지만 전 세계에서 모인 동료들과 같은 목표를 향해 함께 나아가는 과정은 생각보다 훨씬 즐거웠다. 매일 아침 메일함을 열며, 어제 보낸 메일에 대한 답장을 확인하는 그 설렘은 잊을 수 없다.

프로그램 매니저로 일하며 가장 크게 느낀 것은, 다양한 경험은 서로 연결될 때 비로소 힘을 발휘한다는 사실이었다. 나와 다른 배경을 가진 사람들이 각자의 전문성을 발휘하며 퍼즐을 맞춰 가는 그 순간들이 나를 더 단단히 성장시켰다. 결국, 사람과 사람을 연결하는 경험은 나의 세계를 넓혔고, 내가 상상하지 못했던 가능성까지 열어 주었다.

## 챕터 3. 세상과 나를 연결하다

HP에서 엔지니어로 일하던 시절, 나는 주어진 문제를 해결하고 전문성을 쌓기 위해 깊이 있는 기술 역량을 갖추려 노력했다. 하지만 시간이 지날수록 나와 비슷한 고민을 가진 사람들과 연결되고 싶었고, 더 넓은 세계에서 다양한 시각을 배우고 싶었다.

그때 처음 알게 된 것이 SWE(Society of Women Engineers)였다. SWE를 시작하게 된건, 선배 여성 엔지니어가 SWE의 글로벌홍보대사를 추천해 주시고, 국내 SWE 활동을 함께하자며 먼저 손을 내밀어 준 덕분이었다. HP 내에서 SWE는 DE&I를 대표하는 커뮤니티로 활동적이었다. 새로운 문화 속에서 낯을 가리던 나에게 동료들은 여러 가지 활동을 권유하고 응원해 주면서 자연스럽게 SWE의 세계로 들어설 수 있었다.

친구 따라 강남 간다는 말처럼, SWE 활동을 통해 결국 나는 인도까지 가게 되었다. SWE의 WE Local Conference라는 글로벌 컨퍼런스에 참석하기 위해서였다. 특히 이 컨퍼런스는 내 커리어에 예상치 못한 변화를 가져왔다. 나는 글로벌 회사의 여러 여성엔지니어들의 각자의 자리에서 도전하는 이야기를 들으며 큰 울림을 받았다. 나랑 비슷한 동료들이 많다는 사실과, 각자의 자리에서 성장하기 위해 노력하는 그들의 모습은 나에게 큰 동기 부여가 되었다.

시간이 지나며 SWE와의 연결은 단순한 교류를 넘어 리더십과 커뮤니케이션 역량을 키우는 성장의 무대가 되었다. 글로벌 패널 토론에서 진행자와 패널리스트를 모두 경험하며, 서로 다른 문화와 배경을 가진 사람들의 목소리를 하나로 모으는 법을 배웠다. SWE를 통해 처음 알게 된 것은, 기술력만큼이나 중요한 것이 국적과 언어를 넘어 사람들을 연결하고 조율하는 힘이라는 사실이었다.

한국에서 SWE 컨퍼런스를 직접 주최한 경험은 또 하나의 도전이었다. 국내 여성엔지니어들과 여성 리더들을 초대하여 컨퍼런스를 운영하면서, 산업의 경계를 넘어 서로를 응원하고 성장하기 위한 동기 부여가 되는 영감의 장을 만들고자 했다. 연결의 힘을 온몸으로 실감한 순간이었다. 준비 과정은 쉽지 않았지만, 컨퍼런스가 끝난 뒤 느낀 성취감은 말로 다 표현할 수 없었다.

나는 SWE Korea의 회장으로 2년여간 활동하며, 글로벌 SWE 프로그램에서 배운 인사이트를 한국 활동에 접목하기 위해 노력했다. SWE Korea를 위한 기틀을 세우고, STEM 여성엔지니어들을 위한 교류의 장

HP글로벌 동료들과 함께 참석한 SWE 행사 - WE Local conference(2023)

을 넓힌 경험은 내 리더십을 한층 단단하게 만들었다. SWE Korea에서의 임기는 끝났지만, 현재는 SWE 글로벌 홍보대사로서 글로벌 네트워크와의 연결을 이어 가고 있다.

SWE에서 쌓은 리더십과 글로벌 커뮤니케이션 역량은 결국 내 커리어에도 큰 전환점을 만들었다. 프로그램 매니저라는 새로운 역할에 도전할 수 있었던 것도 SWE 활동을 하며 여러 가지 경험을 한 덕분이었다. 전 세계 이해관계자들과 협업하며 복잡한 문제를 조율하는 프로그램 매니저의 역할은 SWE에서 배운 연결과 리더십 없이는 쉽게 해낼 수 없었을 것이다.

돌아보면 SWE는 단순한 STEM 네트워크가 아니었다. SWE는 세상과 나를 연결하는 다리였고, 커리어의 새로운 가능성을 열어 준 성장엔진이었다. 처음에는 누군가의 손을 잡고 한 발짝 내디뎠지만, 이제는 내가 다른 누군가에게 그 손을 내밀 수 있게 되었다. SWE에서 배운 경험은 나를 단단하게 만들었고, 동시에 내가 누군가의 성장에 기여할 수 있다는 자신감을 선물했다.

한국에서 세번째 열린 SWE Korea의 연말 컨퍼런스 주최(2024)

## 도전하면 세상은 달라진다

완벽히 준비되지 않아도 괜찮았다.

처음 기계공학을 선택할 때도, SWE 활동을 시작할 때도, 프로그램 매니저라는 새로운 역할에 도전할 때도 나는 모든 정보를 알고 시작한 것이 아니었다. 계획보다 앞선 건 호기심이었고, 그다음은 작은 용기였다. 준비가 충분하지 않아도 한 걸음 내딛었고, 그 과정에서 길을 찾았으며, 결국 그 길은 또 다른 길로 나를 이끌었다.

돌아보면 기술은 내게 단순한 지식 이상의 의미였다. 기계공학을 배우며 세상을 새롭게 바라보는 눈을 얻었고, 엔지니어 시절의 경험은 문제를 풀어 가는 힘을 길러 주었다. SWE를 통해서는 기술을 넘어 사람과 세상을 연결하는 방법을 배웠다. 나와 다른 배경을 가진 사람들과 소통하며 글로벌 리더십을 키울 수 있었고, 그 덕분에 지금은 전 세계 이해관계자들과 협업하며 프로그램 매니저로서 새로운 가치를 만들어 가고 있다.

완벽하게 준비된 시작은 없었다. 하지만 한 걸음 내딛을 때마다 새로운 기회가 열렸다. 아마 앞으로도 나는 또 다른 도전을 선택할 것이고, 그 속에서 더 넓은 세상과 연결될 것이다.

# 시간과 함께 성장하는 나

이유진

한국전력공사 전력연구원 선임연구원

성균관대학교 전자전기컴퓨터공학부에서 학사·석사 학위를 취득한 후 2010년 박사과정 중 한국전력공사 전력연구원에 입사하였다. 근무하면서 동 대학원에서 박사과정을 수료하였고, 송·변전 분야 중 디지털변전소 및 전력계통 보호계전 분야에 대해 연구하였으며, 현재는 신재생발전원 연계 계통의 보호 및 영향을 연구하고 있다. 공부보다는 노는 걸 좋아하고 추위보다는 더위를 힘들어하지만 탁구하면서 땀 흘리는 건 좋아하는 평범한 전력계통 분야 연구 실무자이다.

## 전기공학에서의 홍일점!

나는 전자전기컴퓨터공학부에서 공부하였으나 내가 하는 분야는 전기공학으로 기본적으로 대학 생활부터 남성 위주의 분야였다. 한 조에 20명의 대학생 중 2명 정도가 여성이었고 그 당시 여성 학우의 대부분이 컴퓨터 공학을 선택했기에 전기과 석사과정 연구실 생활을 할 때는 오직 나 혼자 여성이었다. 그러다 박사과정을 할 때쯤 여성 후배가 1~2명 늘었었다. 지금도 연구실 여성 졸업생 전체를 다 합쳐도 아마 두 손으로 꼽을 수 있을지도 모르겠다.

대학이나 대학원 생활 시에 남성과 같은 곳에 있으며 같은 것을 배우고 같은 시험을 칠 때는 내가 여성이라는 사실을 크게 자각하지 못했고, 그럴 필요도 없었다. 그저 같은 사람, 같은 분야를 공부하는 사람으로 생각하며 대학 생활과 연구실 생활을 했었다. 학문 자체는 어려울 수 있으나 여성이라서 힘든 것은 없었다. 오히려 여성이라 세심하고 꼼꼼할 수 있었기에, 하나하나 문제를 해결하고 극복할 때 보람을 느끼고 미래에 대한 희망을 꿈꾸던 시절이었다.

## 매순간 노력한 첫 사회생활

그러다 한국전력이라는 남성 위주의 조직에 입사하게 되었다. 입사 후에도 난 홍일점이었다! 16년 전 입사 당시에는 크게 남성과 여성을 개의치 않고 지냈었다. 23명의 동기 중 여성은 2~3명이었고 전기분야는 나 혼자였다. 같이 입사한 동기들 중 막내뻘이고 여성이어서 어찌 보면 배려받고 귀염받으며 지낼 수 있었다. 일 잘하면 잘한다는 칭찬을 들으며 그게 좋아 더 열심히 일했다. 그것이 그 당시 나의 모습이었고 내가 생각하고 바라던 모습이었다.

## 어려운 환경, 긍정적인 사고로 극복하다

입사 후 9년 정도 흘렀을 무렵, 처음으로 남성과 여성에 대한 차이를 어렴풋이 느끼게 되었다. 당시 업무 출장은 현장이 많았고 일주일에 2~3일 숙박을 해야 하는 경우가 잦았다. 나에게 주어진 업무이고 해야 할 일이니까 묵묵히 출장도 다니고 액티언 업무용 차량을 운전하며 시험 장비 등을 설치하고 나르곤 했다. 현장이 보통 변전소였는데, 어떤 변전소는 여성용 화장실이 없는 경우도 있어 물도 안 마셨던 기억도 난다.

그리고 가끔 해외 출장이 생기면 보통 2인 1조로 움직이는 것이 당연하였지만 나는 조직에서 홍일점인 경우가 많아서 홀로 해외 출

18년 일본 CRIEPI 연구소 방문 시

2025년 실험실에서 찍은 팀 단체 사진. 이때도 난 홍일점이다

장을 다녔다. 홀로였기에 둘보다는 어려웠지만 그러한 상황에서 얻는 것은 그 이상이라 보람이 있었다. 이러한 어려운 환경도 그 당시에는 나 혼자만 처한 상황이 아니라 나의 경력과 비슷한 직원들은 모두 같은 환경이었기 때문에 잘 적응하고 어려움을 나름 슬기롭게 헤쳐 나갔다.

보통 회사 및 조직에서는 여성 남성에 상관없이 충실히 업무를 수행하여 1인 이상의 성과를 내주길 바란다. 남성 위주의 조직에서는 그 1명이 여성이어도 크게 개의치 않는다. 나는 이런 분위기에 주눅 들지 않고 오히려 더 열심히 일할 수 있었고 그러한 분위기를 이어 "그래! 더 열심히 일할 수 있어. 즐겁다!" 하며 회사 생활을 할 수 있었다.

그렇게 10여 년의 시간이 흘러, 전기공학 분야의 홍일점 전문가로 자리 잡았다. 그리고 지금의 난 여전히 전기공학의 전문가로서 할 수 있는 영역을 꾸준히 탐색하며 노력 중이다.

## 그리고 40대의 전기공학 전문가

입사 후 좌충우돌하던 내가 어느새 40대, 회사 내에서도 다음 직급으로의 관문을 코앞에 둔 상황이 된 선배가 되었다.

우리 연구원에서 책임연구원이 되면 같이 일할 팀원을 구성해 팀을 이끌어 가야 한다. 그러나 요즘은 모두 전문가이기에 누군가와 함께 일하고 '책임-선임-직원'으로 구성된 팀을 유지하기가 쉽지 않은 분위기이다. 대부분이 스스로 팀을 꾸리고 싶어 하기 때문이다.

팀을 만들기 위해서는 무언가 확실한 기술이 있고 그 분야에 큰 그림이 있어야 한다. 그래야 팀원들을 이끌며 함께 연구를 할 수 있다. 이를 잘 알기에 지금까지 잘할 수 있는 영역을 찾고 전문가가 되기 위해 기술을 확보하며 네트워크를 넓히기 위해 노력해 왔고 지금도 노력 중이다.

어려운 과정들이었다. 홍일점이자 고참 선임연구원으로서 기라성 같은 분들이 계신 연구원에서 나만의 목소리를 낸다는 것이 여전히 어렵다. 다른 동료들처럼 다양한 네트워킹 활동에 참여하기도 쉽지 않다. 일만 잘하고 기술을 잘 안다고 해서 조직에서 어필하는 건 또 다른 문제임을 깨달았다. 그리고 나를 믿고 따를 수 있는 팀원을 꾸리는 것은 지위가 생겨 직급이 높아져도 어려운 일임을 다년간의 회사 생활 경험으로 느끼고 있다. 하지만 이 어려운 과정을 나는 슬기롭게 극복하고 또 전진할 것임을 믿는다.

이제 나는 어리고 열심히만 하는 연구원이 아닌 고참으로서 팀을 꾸리고 기술을 이끌고 성과를 어필해야 할 위치에 서 있다. 팀의 리더가 되어 팀원과 함께 프로젝트도 구성하여 일을 해 나가야 한다. 그들에게 리더십과 미래를 보여 주어야 한다.

이를 해결해 나가기 위하여 같은 회사가 아니더라도 유사한 경험을 가진 여러 선배님들을 만나 방안을 논의하며 여러 가지 방안을 찾는 중이므로 결국은 해결해 낼 것이라 믿는다. 20대의 젊은 학창 시절, 홍일점일 때의 경험을 생각해 보면 결국 혼자 고민하기보다는 주변의 도움과 경험을 공유받는 것이 문제를 해결하는 가장 빠르고 슬기로운 길이다. 회사 내 동료, 상사, 부하직원은 물론 외부의 전문가들과도 교류하며 나의 든든한 지원자들을 만들어 나간다면 어려운 목표라도 결국은 성취할 수 있을 것이다.

매일 아침 눈을 뜨고 회사로 출근하면서 오늘 해야 할 일들을 순서에 맞게 정리한다. 동료들과 같이, 때로는 혼자서 문제를 해결해 가면서 팀원들에게는 비전을 제시하고 같은 식구라는 공감대를 형성하여 공동의 목표 달성을 위해 노력할 것이다.

그러다 보면 하루는 즐거움으로, 어떤 하루는 마음의 상처로, 또 다른 하루는 보통의 날로 다가오지만 다양한 경험을 통해 한 단계 업그레이드된 팀리더로서 다음 단계를 향해 나아가고 있을 것이다. 시간은 그렇게 나를 성장시킬 것이다.

마지막으로, 시간이 흘러도 변하지 않는 단 하나의 바람이 있다. 시간이 지난 뒤, 내가 걸어온 길과 경험한 것을 물어봐 주는 후배, 그 누군가가 우리 분야, 우리 회사에 있기를 바라는 마음이다.

내가 회사 생활 중에 여러 상황을 경험하며 느꼈던 것을 후배들에게 아낌없이 알려 주고 싶다. 그래서 그들이 비슷한 상황에 놓였을 때 조금은 편안하게 나아갈 수 있도록 도와주고 싶다. 나는 그동안 어떻게 경험하고 해결하고 견디었는지를 물어볼 분이 우리 회사 내에 드물어서 안타까웠다. 미래의 나의 후배들에게는 내가 경험하고 걸어온 길을 좀더 쉽게 갈수 있도록 도와주는 든든한 후원자가 되고 싶다.

# 나눔과 공감, 기술사에서 조직 리더로 성장한 여정

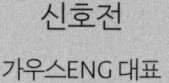

신호전

가우스ENG 대표

숭실대학교에서 전기공학 박사 학위를 취득하였다. 현재 가우스ENG 대표로서 전력계통 해석, 보호계전 정정, 과도해석(발전기 안정도 및 Transient 분석) 등의 업무를 총괄 지휘하고 있다. 한편, 발송배전 기술사로서 한국기술사회 여성위원회 제9대 위원장, 서울시 외 지자체 건설부문 심의전문위원, 국방부 외 정부부처 건설부문 심의전문위원 등 다양한 분야에서 활발한 활동을 하고 있다.

## 함께 성장하는 힘

세계의 경제와 사회 생태계는 과거와는 다른 모습으로 빠르게 변화하고 있다. 프리랜서, 콘텐츠 크리에이터, 강사, 온라인 셀러 등 다양한 형태로 활동하며 1인 기업가로 독립할 수 있는 기회가 열렸고, 동시에 AI와 로봇의 발전은 사람의 역할을 줄여 나가고 있다. 이러한 불확실한 환경 속에서 변하지 않는 가치는 '사람'이며, 기술은 혼자 간직할 때가 아니라 나누는 순간에 진정한 힘을 발휘한다.

나는 38세라는 비교적 늦은 나이에 기술사 자격을 준비하는 과정에서 협력과 나눔을 실천하며 팀워크의 가치를 깊이 체험했다. "혼자 공부하면 책상 치운다."라는 말이 농담처럼 오갔지만, 그 속뜻은 분명했다. 책상보다 더 소중한 것은 사람과 사람을 잇는 연결과 공감이라는 사실이었다. 내가 가진 자료와 경험을 기꺼이 나누었을 때, 학우들과의 작은 연대는 놀라운 시너지를 낳았고, 전원 합격이라는 결실로 이어졌다.

그 경험은 훗날 내가 어떤 조직을 이끌든 '나눔과 공감'을 리더십의 핵심 가치로 삼아야 한다는 신념을 심어 주었다.

## 네트워크와 상생 – 기술사의 길을 함께 만든 사람들

기술사 취득 이후에도 동료들과의 네트워크는 이어졌다. 서로의 실무 경험을 공유하고 전문성을 교류하며 신뢰를 쌓아 갔다. 어느 날, 중동 지역 인공섬과 본토를 연결하는 해저 송전계통 해석 프로젝트에 자문으로 참여한 경험은 내게 각별했다. 이론적 지식과 현장 경험이 어떻게 유기적으로 맞물려 문제 해결로 이어지는지를 체감할 수 있었기 때문이다.

이러한 협업은 단순한 기술적 교류를 넘어 사람 간의 신뢰를 기반으로 한 전문가 네트워크로 성장했다. 서로의 부족한 부분을 보완하며 함께 문제를 풀어 가는 과정 속에서, 나는 리더십의 본질은 곧 상생이라는 사실을 더 깊이 깨닫게 되었다.

## 여성기술사회 9대 위원장으로서의 리더십

이 경험은 현재 내가 맡고 있는 대한민국 여성기술사회 제9대 위원장으로서의 역할에도 큰 힘이 된다. 여성기술사회는 전국 84개 기술사 종목, 2천여 명의 여성기술사들이 소속된 조직으로, 기술 전문성과 여성의 사회적 위상을 함께 높여 나가는 것을 사명으로 삼고 있다. 위원장으로서 나는 지역과 분야, 세대의 장벽을 허물고 회원들과 소통하고자 노력하고 있다. 경력 단절의 위기에 놓인 후배 기술사들에게는 조언과 연결의 기회를 제공하고, 젊은 여성엔지니어들이 스스로 리더로 성장할 수 있도록 'Who am I?' 멘토링 시스템을 도입하였다.

또한 사회 취약계층에 대한 시설 개선 및 안전 진단 등을 해마다 폭넓게 실시하고 있다. 그뿐만 아니라 일본여성기술사회와의 기술 교류를 통해 여성공학인으로서 여성의 사회적 역할 확대와 전문지식 강화를 위한 노력을 지속하고 있다. 이는 사회 전반에 대한 포용적 문화 정착 및 지속 가능한 여성기술사 리더십 생태계를 만드는 중요한 발걸음이라 믿는다.

제17회 한일여성기술사 기술세미나

## 유쾌한 협업에서 배운 리더십의 본질

발송배전기술사로서 국내외 발전 플랜트, 정유·화학 플랜트, 신재생에너지 분야에서 전력계통 해석을 수행하며 나는 수많은 협업의 현장을 경험했다. 현장에서는 종종 의견 충돌이 일어났다. 실무 경험이 풍부한 이들은 현장 중심의 해석을 강조했고, 연구자는 이론적 검증을 중시했다.

아부다비의 한 화학 플랜트 시운전 과정에서 발생한 예기치 못한 사고 때도 논쟁은 거셌다. 그날 밤 나는 두 가지 접근 방식을 도식화해 비교 정리했고, 다음 날 회의에서 모두의 시각을 존중하며 설명했다. 어느 한쪽을 옹호하지 않고 양측의 타당성을 강조하자 긴장은 누그러졌다. 이후에는 자연스럽게 서로의 생각을 비교·수용하는 문화가 자리 잡았다.

아부다비 화학 플랜트 시운전 중 계전기 테스트

그 경험을 통해 배운 것은 단순했다. 리더십이란 주장을 앞세우는 것이 아니라, 시선을 나란히 맞추는 힘이라는 것이다.

### 방황할 권리를 가져라

청춘의 삶에도 이 원리는 적용된다. 유럽에서는 대학 진학 전 '갭 이어(gap year)' 기간 동안 여행이나 아르바이트, 자아 탐색을 통해 스스로를 성찰하는 시간을 갖는다. 이는 자신만의 철학을 돌아보고, 앞으로 나아갈 방향을 모색하는 귀중한 과정이다. 우리나라 청년들에게도 방황할 권리가 필요하다. 실패와 시행착오 속에서만이 자신만의 가치와 길을 발견할 수 있기 때문이다.

세상은 유튜버, 여행 크리에이터, 웨딩플래너 등 다양한 삶의 방식으로 열려 있다. 그러나 변하지 않는 것은 심신이 건강한 삶이다. 긍정적인 마음가짐과 균형 잡힌 심신의 단련은 시대가 달라져도 결코 잃지 말아야 할 삶의 기본자세이다.

나는 과거로 돌아가고 싶은 순간은 없지만, 만약 다시 삶을 선택할 기회가 주어진다면 자유롭게 방황하고 싶다. 방황은 시간 낭비가 아니라 나를 단련하고 세상을 넓게 바라보게 하는 과정임을 알게 되었기 때문이다.

## 마음 자세 – 따뜻한 온기를 간직하라

마지막으로 강조하고 싶은 것은 마음의 공간이다. 우리가 가장 먼저 장착해야 할 무기는 '예쁜 말'이다. 다정한 언어는 나를 살리고 타인을 북돋우며 긍정의 에너지를 불러온다. 또한 예술과 같은 취미 활동은 마음의 안식처가 된다. 내가 그림을 그리며 얻은 평온함처럼 누구나 자신만의 휴식 공간을 마련해야 한다.

"나는 어떤 자세로, 무엇을 향하여, 어떤 가치를 중심에 두고 살아야 하는가?"라는 질문을 끊임없이 던지고 답을 찾아가는 일이 중요하다. 미래 여성공학인들에게 전하고 싶은 말은 단 하나다. 많이 방황하고, 실패하고, 또 일어나 도전하라. 그러는 과정 속에서 마음의 휴식 공간을 만들고 균형을 지켜 간다면, 인생은 훨씬 더 다채롭고 아름다워질 것이다.

## 따뜻한 울림을 주는 리더형 여성공학인의 길

문과 전공에서 출발하여 뒤늦게 전기공학의 길에 들어선 나의 삶은 "시작하기에 늦은 나이는 없다."는 진리를 증명하는 과정이었다. 지금 이 순간에도 자신의 진로가 불확실하고 앞길이 보이지 않더라도, 목표의 구체화와 지속적인 실천 노력이 뒷받침된다면 반드시 원하는 성취 지점에 다다를 수 있다.

특히 급변하는 시대 속에서 지속적 학습(Continuous Learning)과 자기역량 강화(Self-Empowerment)는 필수적이다. 이는 단순한 기술 습득을 넘어, 사회적 변화 속에서도 주도권을 유지하며 성장하는 힘이 된다.

그러나 성과에 대한 조급함을 경계하고, 끊임없는 도전 속에서도 내면 성찰(Self-Reflection)과 일·쉼의 균형(Work-Life Balance)을 지켜야 한다. 그렇게 함으로써 인생의 파도 앞에서 흐린 날은 잠시 멈추어 재

여성기술사들과 함께한 다양성과 포용성 논의

충전하고, 맑은 날은 더욱 힘차게 노를 저으며 나아갈 수 있다.

　후배 여성공학인들에게 전하고 싶은 마지막 당부는 이것이다. 여유 속의 지속적인 도전, 포기하지 않는 끈기, 그리고 타인과의 연대와 포용(Humanistic Inclusiveness). 이 세 가지를 잊지 않는다면, 여러분은 자신의 분야에서 빛나는 전문가로 자리매김할 뿐 아니라 함께 걸어가는 이들에게 따뜻한 울림을 주는 리더형 공학인으로 성장할 것이다.

# 아직도 조금씩 느리게 성장하고 있어요

### 김경미
#### 대한엔지니어링 대표

2017년 전북대학교 정보기술학과(전기및시스템공학)에서 석사 학위 취득, 1999년부터 소망전력공사에서 약 2년간 근무, 2001년부터 ㈜대한건설에서 약 4년간 전기공사 관리 업무를 하였다. 2015년부터 2023년까지 전주비전대학교 전기과, 2020년부터 2023년까지 호원대학교 전기과에서 겸임교수로 재직하였다. 현재 대한엔지니어링의 대표로 23년째 재직 중이며, 한국엔지니어링협회 및 한국전기공사협회 임원으로 활동하며 여성 대표들의 협회 활동의 범위를 높이는 데 함께하고 있다.

## 나의 전기 입문기: 몰라서 용감했던 도전

　이야기를 어떻게 시작해야 할지 막막하다. 나는 중·고등학교 시절에는 그냥 수학을 좋아해서 막연히 수학 선생님이 꿈인, 그래서 수학 선생님이 내주는 깜지 숙제를 무척이나 재미있게 했던 학생이었다. 하지만 현실은… 수학이 문제가 아니었다. 국어, 영어 등 과목 골고루 성적이 좋아야 했는데 그게 맹점이었다. 그래서 꿈과는 별개로 성적에 맞추어 전북대 농생물학과에 진학했다.

　그럼에도 나는 지금 전기 분야의 일을 하고 있다. 대학의 전공이 평생의 직업과 관계없는 사람이 많듯 나 또한 그 부류에 합류했다. 그 시작은 전기공사기사 취득을 위한 학원 수강 신청이었다. 1998년 IMF 여파로 학원에는 수강생이 유독 많았고, 하루 8시간씩 수업하는 겨울방학 특강을 듣고 전기공사기사 자격증을 손에 쥘 수 있었다.

　그리고 시작한 일. 전기 분야에 대한 경력이 전무했던 나는 견적 작업을 위해 도면에 스케일자로 거리를 입력하고 시간이 지나 배선의 가닥 수, 전력간선의 입상입하를 파악하게 되고, 추가적으로 엑셀 파일에 수량산출서 입력 집계표로의 집계를 할 수 있게 되면서 조금씩 조금씩 전기 분야의 한 귀퉁이를 알아 가게 되었다.

　그렇게 3년여 시간이 지나고, 어느 날 회사로 날아온 기술사 강의 홍보지에 눈이 번쩍 뜨이면서 도전 정신이 발동했다. 국가기술자격 중 최고의 자격이라는 홍보와 기사 취득 후 4년의 실무 경력이 필요하다는 내용. 내년이면 경력 4년이 되지 않던가! 기다리지 않고 바로 도전했으면 좋았을 텐데 나는 1년을 꼬박 기다려 다음 해에 기술사 공부를 시작하게 되었다. 지금 생각하면 기술사에 대해 알지도 못하고 얼마나 어려운 공부인지도 모르고 시작한, 어쩌면 몰라서 용감했던 도전이었다.

기술사 공부는 학원 강의실 첫 입장과 동시에 책상 위에 수북하게 쌓여 있던 두께가 남다른 책들과의 대면으로 시작되었다. 어떤 교재였는지 기억은 나지 않지만 그 순간의 놀라움은 지금도 잊지 못하겠다. 저렇게 많은 걸 다 봐야 한다니…. 그저 기사 공부 정도로 생각했던 내겐 큰 충격이었다.

그렇게 기술사 공부를 시작하고 전기과에 편입을 했다. 그사이 아이들은 초등학교에서 중학교로 진학을 하게 되면서 정신없이 바쁜 4년이 지나고, 드디어 건축전기설비기술사를 취득하게 되었다.

### 나의 성장기: 전문성으로 확장된 나의 세계

기술사는 나의 새로운 삶의 발판이 되었다. 전기공사뿐 아니라 설계 및 감리 분야로 업역을 넓혀 가며 나 자신 또한 기술적으로 성장해 갔다. 완성된 도서를 들여다보던 사람에서, 설계도서를 직접 계획하고 작성하고 완성해 나가는 사람으로 변화한 것이다.

또한 여러 분야의 다양한 사람들을 만나 새로운 경험을 하게 되었다. 기술사회 활동, 특히 여성기술사회의 활동은 내게 특별했다. 취약시설 안전 진단 및 환경개선사업 등의 봉사 활동과 여성기술사교류회, 한일 여성기술사교류회 등 친선 활동 등을 통하여 여러 분야의 기술사들과 만나면서 활동 영역을 넓혀 갔다. 정말 다양한 분야에서 유능한 여성들이 활동하는 것을, 그것도 멋지게 활동하는 모습을 보면서 나 또한 성장하고 싶어졌다.

한국기술사회 여성위원회 활동

그리고 나는 꿈꾸었던 수학 선생님은 아니지만 기술사를 통하여 전주 비전대학교 전기과에서 겸임교수로 아이들을 가르치는 꿈을 이루었다. 학기를 거듭해 가면서 서로 다른 성향의 학생들을 만나며 처음 수업하며 느꼈던 어색함도 많이 없어지고, 여학생들은 교수님처럼 되고 싶다며 더 열심히 공부하는 모습에 보람도 컸다.

강의를 준비하면서는 나름의 어려움과 행복함도 느꼈다. 특히 코로나 시국의 온라인 강의는 참으로 힘들었다. 비전대학교와 호원대학교의 강의를 겸하며 주중에는 PPT 강의 자료를 만들고, 주말에는 컴퓨터 앞에서 동영상 강의 자료를 만드느라 혼자 종일 강의 녹화를 했다. 실습 과목 강의는 PPT 자료만으로는 어려워 OBS 프로그램과 Zoom 등의 도움을 받아 강의를 하면서 힘들지만 재미난 경험을 하기도 했다. 지금은 시간 운용의 문제로 강의를 쉬고 있지만 기회가 되면 다시 도전해 보고 싶다.

더불어 한국전기공사협회의 중앙회 위원회, 전북특별자치도회 임원 및 교육 활동을 통하여 나 자신도 조금씩 성장해 가고 있다. 그중에서도 특히 전북특별자치도회 여성위원회 활동은 특별하다. 협회의 각종 봉사 활동 등에 적극적으로 참여하는 등 여성 대표들의 협회 활동을 통하여 더 많은 여성 대표들이 다양한 활동을 하게 되기를 바란다.

### 앞으로의 나는: 함께 성장하길 꿈꾸며

나는 나의 스승인 현장과 현장에서 만나는 발주처와 공사팀 등 많은 사람들 속에서 성장해 왔고, 또 성장해 갈 것이다. 또 특이하게 전기가 전공이 아님에도 전기 전공자가 되어 그 길을 가는 사람으로서 새로운 길을 가고 싶어 하는 사람, 공학 분야의 전문직 선택의 고민 속에 있는 여성들에게 힘이 되는 사람이 되고 싶다.

감리현장

한국전기공사협회 여성위원회 활동

# 항공우주에서 원자력까지, 경계를 넘어 달리다

**김민희**
한국수력원자력 중앙연구원 선임연구원/차장

서울대학교 항공우주공학과 계산과학연합 전공으로 박사 학위를 2014년에 취득했다. 같은 해 한국수력원자력 중앙연구원에 입사하여 10년간 원자력발전소 안전해석코드 및 방법론 개발을 통한 안전성 평가 업무를 수행했다. 현재는 기획관리실에서 OECD/NEA 국제공동연구, UAE R&D 협력 등 연구개발 기획과 대외 협력 업무를 맡고 있다. 여성원자력전문인협회, 원자력학회, 전산유체공학회에서 활발히 활동하고 있다.

## 항공우주공학, 매혹의 문을 열다

학부 시절, 나는 기계항공공학부에서 공기역학과 유체역학을 처음 접했다. 바람이 흐르는 궤적, 물결이 휘어지는 패턴이 수학과 물리의 언어로 풀리는 순간, 세상이 조금 다르게 보였다. 이 호기심은 곧 전산유체역학(CFD)이라는 새로운 세계로 나를 이끌었다.

C++와 MATLAB을 다루던 경험이 있었기에 어렵지 않게 시작할 수 있으리라 생각했지만, 첫걸음부터 벽이었다. 수치기법, 난류모델, 경계조건… 익숙지 않은 개념이 끝없이 밀려왔다. 연구실 선배들을 붙잡고 질문을 퍼부으며, 밤을 새워 코드를 돌리던 시간은 단순히 '프로그래밍'을 넘어서, 현상을 수학적으로 모델링하고 물리적으로 해석하는 힘을 길러 주었다.

돌이켜 보면, 이 시기의 나는 몰입이라는 단어를 몸소 실천하고 있었다. 연구실 불이 꺼질 때까지 남아 계산을 돌리고, 결과가 이상하면 다시 코드를 뜯어고쳤다. 답이 나오지 않는 밤은 불안했지만, 가끔 예상과 정확히 맞아떨어지는 시뮬레이션 결과를 마주할 때의 짜릿함은 그 모든 시간을 보상하고도 남았다.


## 계산과학, 나에게 준 두 번째 날개

석사과정을 마친 뒤, 나는 박사과정에 도전했다. 이번에는 단순히 문제를 푸는 것에 그치지 않고, 문제를 정의하는 힘을 기르기로 마음먹었다. 계산과학 연합전공을 선택해 수치선형대수, 알고리즘, 병렬계산 등 한층 깊이 있는 이론을 배우며 연구의 저변을 넓혔다.

삼성, 한화, 항공우주연구원, 국방과학연구소 등과의 프로젝트를 병행하며, 학문과 산업의 경계에서 치열하게 부딪혔다. 새로운 분야의 수업과 생소한 과제를 소화하는 것은 힘들었지만, 졸업이 가까워질수록 그 모든 경험이 나를 단단하게 만들었다는 것을 느꼈다.

학위 과정은 나에게 연구의 기술뿐 아니라 사람과 협력하는 법을 가르쳐 주었다. 프로젝트마다 팀 구성원은 달랐고, 각자의 관점과 우선순위도 달랐다. 때로는 내 연구보다 협업을 위한 조율과 설득이 더 중요한 순간도 있었다. 이 과정에서 배운 '다른 언어를 이해하는 힘'은 훗날 전혀 다른 분야로 도약하는 데 중요한 밑거름이 되었다.

## 하늘에서 원자로로, 또 다른 비행을 시작하다

누군가 박사 졸업은 "드넓은 우주에서 내가 얼마나 작은, 미개한 먼지 같은 존재임을 깨닫는 일"이라고 말했다. 학위의 끝자락에 선 나는 그 말이 절실하게 와닿았다. 하지만 그 깨달음 속에서도, 세부 전공이 조금이라도 맞닿아 있다면 어떤 분야든 처음부터 다시 배워 해낼 수 있다는, 어쩌면 무모할 정도의 자신감이 피어올랐다.

마침 그 시기, 한국수력원자력 중앙연구원의 채용 공고가 눈에 들어왔다. 그렇게 나는 안전해석그룹에서 원자력발전소의 안전성을 평가하는 업무를 맡게 되었다. 항공우주공학과 원자력공학, 얼핏 보면 전혀 다른 두 분야였다. 그러나 복잡한 물리 시스템을 수치적으로 모델링하는 능력은 원자력 계통 해석에서도 그대로 쓰였다. 안전해석 코드를 개발하며, 새로운 분야의 언어와 규제를 배워 갔다. 처음엔 낯설었지만,

CFD에서 다져 온 분석력과 문제 해결 능력은 원자력이라는 또 다른 허들을 넘어설 수 있는 발판이 되었다.

처음 원자력 분야의 전문 용어를 마주했을 때는 마치 외국어 회화를 처음 시작하는 것처럼 막막했다. 하지만 항공우주 분야에서 복잡한 비행 유동을 해석하던 경험 덕분에, 원자력 시스템의 흐름과 상호작용도 점차 눈에 들어왔다. 그 순간, 전혀 다른 분야의 지식이라도 본질적인 원리는 서로 연결되어 있다는 것을 확신하게 되었다.

## 경계 위에서 배우는 균형

입사 직후, 나는 또 하나의 중요한 여정을 시작했다. 바로 엄마가 되는 일이었다. 딸아이를 품에 안고 1년간 육아휴직을 하며, 동갑내기 남편과 함께 고군분투했다. 아기의 울음과 잠투정이 하루 일정을 좌우하던 시절, 프로젝트 마감과는 전혀 다른 종류의 긴박함을 배웠다.

아이 없을 때는 해외 출장이 체력적으로 버거웠는데, 아이가 생긴 뒤에는 출장을 가며 "남편아, 잘 지내!"라는 말을 남기고 가벼운 발걸음을 느끼는 나 자신을 발견했다. 그 순간, 기쁨과 미안함이 뒤섞인 양가 감정이 밀려왔다. 일과 가정의 균형은 단순히 시간을 나누는 것이 아니라, 서로 다른 세계를 오가며 최선을 다하는 유연함이라는 것을 깨달았다.

현재 나는 기획관리실 연구총괄부에서 OECD/NEA 국제공동연구, UAE R&D 협력 등 연구개발 기획과 대외 협력 업무를 맡고 있다. 연구실에서 배운 '깊이 파고드는 힘'과, 조직에서 기른 '넓게 바라보는 힘'을 연결하며, 기술과 사람, 연구와 정책을 잇는 다리 위에서 또 다른 도약을 준비하고 있다.

## 허들을 넘는 일은 단 한 번의 점프가 아니다

항공우주공학에서 원자력으로, 연구에서 기획으로, 그리고 연구자에서 엄마로.

내 앞의 허들은 형태를 바꿔 가며 계속 나타났다. 하지만 그때마다 배움과 도전을 멈추지 않았기에, 나는 여전히 달리고 있다.

# 역경과 고난은
# 지금의 단단한 나를 만들었다

## 김주아

JVIS Korea 상무, 아시아태평양 품질 경영 사업부

재료공학과를 전공하고 1995년부터 앰코 테크놀로지(Amkor Technology), 포드(Ford) 자동차, 이튼(Eaton), JVIS Korea 등 글로벌 기업의 품질팀에서 약 30년간 근무하며 다양한 품질 관리 경험을 쌓아 왔다. 현재는 JVIS Korea에서 상무로 재직 중이며, 특히 여성 후배 양성에 깊은 관심을 가지고 적극적으로 지원하고 있다.

## 30년의 시간 위에 서서

어느덧 나의 회사 생활도 30년 차에 접어들었다. 아버지께서 20년간의 회사 생활을 마무리하시며 정년퇴직하시던 때 그 뿌듯해하시던 표정과 말씀을 아직도 기억한다. 그때의 아버지보다 훨씬 긴 시간을 나는 회사를 다니고 있다. 솔직히 말해, 나 자신도 이 나이까지 직장 생활을 이어 갈 줄은 상상조차 하지 못했다.

나의 회사 생활이 이토록 길어질 거라 예상하지 못했던 이유는 그 여정이 결코 호락호락하지 않았기 때문이다. 남녀 차별이라는 보이지 않는 벽, 두 아들을 키우며 병행한 육아의 무게, 그리고 끝도 없이 이어진 국내외 출장들, 이 모든 것이 나의 30년을 버티게도 했고 때로는 놓고 싶게도 만들었다.

그러나 지금 나는, 그 모든 시간을 버텨 내며 이 자리에 서 있다. 이제 제2의 인생을 준비하면서 문득 돌아본다. 가장 힘들었던 그때, 나는 어떻게 버텼을까? 회사 생활은 도대체 어떻게 해야 하는 걸까? 정말 남들이 말하듯, 그만두는 것만이 해답이었을까? 그 답을 찾아 헤매며 수많은 날을 혼자 방황했다.

간절히 멘토를 찾았지만 그 누구도 선뜻 손을 내밀어 주지 않았던 시간들…. 그 지난 시간을 떠올리며 지금 이 순간에도 고민하고 있을 누군가에게 작은 도움이 되길 바라는 마음으로 이렇게 펜을 들었다.

## 사회초년생의 회사 적응기

졸업 후인 1995년 나는 미국계 반도체 회사에 입사해 품질보증팀에서 신뢰성과 불량 분석을 담당하는 엔지니어로 첫 사회생활을 시작했다. 반도체 제품의 수명을 가속 테스트로 예측하고 불량 발생 시 분석을 통해 원인을 규명하고 개선안을 제시하는 일이 주 업무였다.

시험실 작업자들과 협력해 분석을 수행했고 관련 부서들과도 협업이 많았다. 하지만 당시 만 명이 넘는 임직원 가운데 여성엔지니어는 단 3명뿐이었다. 사회 경험이 많던 작업자들에게 갓 졸업한 풋내기 여직원은 환영받기 어려웠고, 실험장비 협조를 요청하면 "여자 말고, 담당 과장하고 일하겠다."는 말을 서슴지 않던 시절이었다.

여성엔지니어 자체가 드물었고 여성이 기술엔지니어로 일하는 모습을 낯설어하던 분위기가 팽배했다. 그런 환경 속에서 처음 회사 생활을 시작한 나는 일이 힘들기보다는 그 분위기를 견디는 것이 더 힘들었다. 집에 돌아와 눈물 흘린 날이 셀 수 없었고, 동등한 대우를 받지 못하는 현실에 분노하고 억울함을 느끼기도 했다. 한동안은 피해의식에 사로잡혀 마음속 골이 깊게 파이기도 했다.

그럼에도 불구하고 일 자체는 점점 흥미로워졌다. 실험을 통해 불량 원인을 하나하나 밝혀내고, 그 결과로 회사 제품의 수명을 늘릴 수 있다는 데서 보람을 느꼈다. 새로운 장비를 셋업(set-up)하며 그 작동 원리를 익히는 일도 나에겐 신나는 도전이었다.

이러한 성과는 논문 발표로 이어졌다. 신규 도입 장비를 활용해 작성한 논문을 1997년 미국 INTERPACK 학회(The Pacific Rim/International Intersociety Electronic Packaging Technical & Business

Conference)에서 발표했고, 2000년에는 미국 실리콘밸리에서 열린 IAMIS 학회에서 "Moisture integrity performance characterizations of film adhesive flex BGA Using Acoustic Micrography"라는 논문을 발표하는 영광도 누렸다.

### 반도체 회사에서 자동차 회사로, 커리어와 육아 사이

IMF가 지난 후 회사 구조와 운영은 급속도로 변화하였고, 회사의 CDP(Career Development Program)로 10년 이상 같은 공장(site)을 다닐 수가 없게 돼 나는 집과 멀어진 곳으로 이동해야 했다. 그러나 나는 첫째 아들이 백일(당시 3개월의 산후 휴가가 전부였고 육아휴직이라는 제도도 없이 대부분의 여성 직원은 결혼이나 임신 후 퇴사함)이 지난 상황에서 다른 공장으로의 전직이 너무 부담스러운 시기였다. 그때 마침 헤드헌터로부터 포드(FORD) 자동차의 STA(Supplier Technical Assistance engineer)라는 포지션을 제안받고 협력업체 관리직으로 이직하였다.

국내외 유수의 대기업을 심사(Audit)하며 포드(Ford) 자동차의 품질 시스템을 협력업체에 교육하며 많이 성장할 수 있는 시기였으나, 제조업체의 특성상 지방과 해외 출장이 많았다. 매일 두 아들을 어린이집에 보낸 다음 지방 출장을 가고, 퇴근 후에는 고스란히 집안일과 육아 그리고 밤에 해외 공장과 본사와 하는 화상회의(conference call), 자기 계발인 자격증 공부에 지쳐 가던 시기였다.

'정말로 아들을 이렇게 남의 손에 키워 가며 나의 커리어를 지켜 가는 게 잘하는 것일까? 아이들이 엄마의 사랑이 부족해서 정서적으로 안정

되지 않으면 어떡하지? 내가 애들을 신경 쓴다고 회사 일에 소홀하는 것은 아닌가?'

아이들을 키우면서 항상 죄책감을 가지고, 회사에는 뒤처지는 것은 아닌지 고민해 가며 회사 생활을 했던 기억이 또렷하다. 주변에는 나와 같이 남자들이 많은 환경에서 근무하는 기혼 여성은 드물었고, 친구들이나 부모님에게 고민 상담을 하면 "힘들면 그만둬라."가 돌아오는 답의 전부였다.

둘째를 낳고 3개월이 되어 젖을 떼지 못하고 회사를 이직한 적이 있다. 그때는 여직원 휴게실도 없어서 나는 불린 젖을 화장실에서 짜 버리면서 '이렇게까지 하면서 회사를 다녀야 하는 걸까?' 고민했다. 신입 환영식을 해 준다고 술을 권유하는 자리에서 나는 '아직 젖을 못 끊어서 술을 못 먹겠어요'라는 말을 차마 할 수 없어 소주 2병을 먹고 아들 젖을 주지 못했던 슬픈 기억이 있다.

### 버티는 자가 이기는 것?

이제 아이들은 나의 도움을 크게 필요로 하지 않는 나이가 되었다. 인생의 큰 굴곡들을 겪으면서 돌아보면, 나는 여성엔지니어로서의 자긍심이 있었던 거 같다. 그래도 나 한 명쯤은 정년퇴직, 아니 70세까지 일을 해서 "저런 여성엔지니어도 있구나!"라는 말을 듣고 싶었던 건 아니었을까?

힘들게 버티며 여자라는 이유로 겪은 차별 속에서 나는 다짐했다. '여자이니까 더 잘해야겠다, 몇 안 되는 여성엔지니어로서 욕은 먹지 말자'

고. 그리고 그 마음가짐이 한 분야에서 30년을 이어 가게 하는 원동력이 되었고, 이제는 그 많은 경험을 필요한 곳에 나누어 주고 싶다.

여자라서, 여자이니까, 안 되고 못 하는 일은 없는 것 같다. 어느 곳에서든 꾸준히 자기 갈 길을 걷다 보면 그 모든 경험들이 훗날에 점에서 선으로 이어지는 날이 올 것이다. 지금도 어디선가 방황하고 고민하고 있을 후배에게 "당신은 충분히 잘하고 있다."라고 말해 주고 싶다. 지금 고민하는 당신에게, 이 한 줄이 닿기를 바라며….

2부

# 열정

## : 끊임없이 쌓아 올린 시간들
(건축학, 건축공학)

# 밑도 끝도 없이, 그러나 치열하게

황지애

건축시공기술사

2009년 이화여자대학교 건축학과 5년제에 입학하여, 졸업 후 2015년 WSP에 입사하여 외국계 발주처의 국내 건설 프로젝트 PM으로 근무하며 실무를 쌓았다. 프로젝트 설계, 시공의 전 단계를 관리하여 True Consultancy로서의 역량을 쌓았으며, 벨기에 충주 식품 공장, WeWork 공유오피스, 영종도 인스파이어 복합 리조트 등 여러 프로젝트를 수행하였다. 2024년 건축시공기술사를 취득하였다.

## 계획 없이 떠난 여정의 시작

나는 밑도 끝도 없었다. 고등학생 시절엔 밑도 끝도 없이 건축학과만 가겠노라고 말하고, 대학생일 땐 갑자기 연고도 없는 스페인을 교환학생으로 다녀와서는 취직을 외국계로 하겠다고 하고, 사회에 나와서는 시공사도 다닌 적 없으면서 갑자기 건축시공기술사가 되겠다고 했다.

밑도 끝도 없이 하고 싶은 것을 하나씩 꿈꾸고 미리 걱정하지 않으면서 매번 눈앞의 장애물들을 하나씩 치워 가며 목표를 향해 치열하게 노력하여 목표를 달성하고 또 다음 목표를 향해 고군분투하는 여성공학인으로서, 한편으로는 지극히 평범한 아이 둘의 엄마로 살아가고 있다.

## 밑도 끝도 없이 택한 전공

"어, 저 벌집 같은 건물은 뭐지?"

신문 제목이었다. 고등학생 시절 당시 입시의 큰 비중을 차지했던 논술 대비를 위해 매일 신문을 읽었다. 재미없는 사설논평보다는 간혹 가다 보이는 재밌는 기사들에 더 눈이 갔고, 그중 당시 서울에 세워지고 있던 독특한 건물들을 소개하는 기사들이 여럿 있었다. 신논현역 교보타워 건너편의 어반하이브(UrbanHive), 서울시 신청사와 같은 건물들을 기사로 보면서, '건축가라는 직업이 있구나. 멋지네.'라고 처음 생각했다. 그 생각이 씨앗이 되어 나는 당시 도입 초창기이던 입학사정관제라는 전형으로 이화여대 건축학과에 입학했다.

## 하고 싶다는 마음 하나로, 스페인행 편도 티켓을 끊다

"교환학생, 스페인으로 갈래요."

"거기 영어 써?"

"아니요, 스페인어요."

"너 스페인어 할 줄 알아?"

"아뇨."

"근데 어떻게 거길 가?"

대학교 2학년에는 갑자기 교환학생을 가고 싶어졌다. 스페인으로. 근데 당시 이화여대가 교환학생 협정을 맺은 학교들은 다 영미권이었다. 방법이 없나 하고 찾아보니… 있었다! 한국 학교에서 휴학을 하고 스페인에 있는 대학교에 정원 외로 '방문학생' 자격으로 신청을 하는 것이었다. 변수는 한국 학교를 휴학해야 된다는 것과, 내가 지원을 해도 스페인의 대학교에서 안 받아 줄 수도 있다는 것.

그렇지만 무식하면 용감하다고, 가족들을 설득해서 결국 나는 스페인 마드리드행 비행기를 탔다. 그것도 편도만 끊어서…! 지금 생각하면 대체 무슨 용기였는지 모르겠다. 스페인어로 'Hi, nice to meet you. I'm fine, and you?'만 배워서 출국을 했는데….

결론부터 말하자면, 나는 마드리드공대 건축학과에서 한 학기 방문학생을 마쳤다. 이렇게 말하면 듣는 사람에게 굉장히 불친절(?)하게 들릴 수가 있겠으나, 나에게 그 시절의 마드리드는 '만약 ~하면 어쩌지'의 잔걱정보다 '하고 싶다'는 생각만 했던 시간이었다.

방문학생을 마치고 돌아와서는 졸업 작품을 준비하며 공인스페인어자격시험(DELE)도 중상급에 해당하는 B2레벨을 땄다. 다들 졸업작품에 집중할 때 에세이와 구술 면접관과의 인터뷰를 준비했다. 병행하는 것이 쉽지는 않았지만, '하고 싶은 것'이었으니 힘들지는 않았다.

## 설계사도, 시공사도 다닌 적 없는 영어 잘하는 젊은 여자 직원

건축학과를 졸업하고 동기들은 대부분 설계사로, 시공사로, 혹은 대학원으로 진학했다. 그런 동기들 사이에서 나는 외국계 CM(Construction Management) 회사에서 첫 커리어를 시작했다. WSP 라고 하는 캐나다 몬트리올에 본사를 두고 있는 회사로 M&A를 하기 전엔 Parsons Brinckerhoff라고 하는, 미국 뉴욕에 첫 지하철을 설계한 회사였다.

국내에선 영종도 인스파이어 복합리조트(Project Management/Construction Supervision) 역삼역 센터필드, 광화문 포시즌스호텔, 이케아 광명/고양(Construction Management), 잠실 롯데월드타워에선 MEP Vertical Engineering을 한 회사다. 배울 게 정말 많았다. 정통하신 선배님들 사이에서 하루하루 '갈 길이 정말 멀구나.'를 매일 같이 혼자 되뇌던 날들이었다.

나는 외국계 발주처의 국내 프로젝트를 하는 본부 소속이었는데, 그래서 그런지 나의 8년은 그래서 더 다이내믹했던 것 같다. 지금이야 AI가 회의록도 작성해 준다는데 당시 아무것도 모르는 인턴이던 시절엔 4시간짜리 독일인 발주처들이 가득한 영어 회의에 불려(?) 들어가서 회의록을 실시간으로 작성했고, 사원 때는 매주 금요일마다 '물리실사보고서'를 각 공종별로 취합하고 다듬으며 보고서를 완성했으며, 대리 때

Technical Due Diligence Report 현장 답사 및 건물 관리인 인터뷰

는 프로젝트 매니저(Project Manager, PM)가 되어 클라이언트의 공사비와 공사 스케줄을 최전선에서 관리했다.

건물 하나를 지을 때는 정말 많은 이해관계자들과 함께한다. 건물의 도면을 그리는 건축 설계부터, 도면대로 건물을 안전하게 시공하는 건설사, 그런 건설사의 현장 업무를 법적으로 관리감독하는('감리'라고 한다) 현장 기술자, 여기에 프로젝트 특성별로 음향설계업체, 소음측정, 토양오염측정 등 필요한 컨설턴트들까지 더 참여하면서 무수히 많은 사람들이 한 건물을 짓기 위해 협력한다.

PM은 단순하게는 '프로젝트의 예산과 일정을 관리하는 사람'이나, 실제로는 우아한 백조가 물 아래에서 안 보이지만 끊임없이 발장구를 치듯이 '돈'과 '시간'을 초과하게 하는 곳곳의 위험 요소를 요리조리 피해가면서도, 발주처를 포함한 수많은 이해관계자들과 으쌰으쌰하며 프로젝트를 무사히 '준공'시키는 오케스트라 지휘자에 가깝다. 피곤에 지쳐 입술이 두 달에 한 번은 터졌다. 심신이 고달픈 날도 많았지만, 건물이 하나씩 지어질 때마다 느끼던 짜릿함이 내 원동력이었다.

'내가 정말 이 프로젝트의 PM을 할 수 있을까?', '내가 혼자 이 리포트 초안을 다 쓸 수 있을까?', '내가 이 회의를 주관할 수 있을까?'와 같은 의구심이 들던 순간의 연속이었지만, 주어지는 업무 하나하나를 그릇이라고 생각하고 그 그릇을 정성껏 채웠다. 그릇이 항상 내 예상보다 컸던 것 같지만, 뭐가 되었든 좋았다. 막막해도 힘들어도 내가 결국 그 그릇을 채울 것을 스스로 알았기 때문이었다. 나는 그렇게 첫 회사에서 과분한 기회를 가졌고 즐겁게 그릇들을 채웠다.

## 이게 그 말로만 듣던 '경력 단절'?

같은 회사에서 지금의 남편을 만났다. 일하는 게 너무 재밌던 대리 시절 결혼하여 당시 영종도 현장에서 근무하며 주말부부를 했다. 영종도 인스파이어 복합 리조트 건설 프로젝트를 위해 영종도에 상주하던 나는 첫째를 임신했다. 당시 나는 '건축시공기술사'를 준비하고 있었다. 국가기술자격의 '특급'에 해당하는 최고 기술자격증이었다. 그런데 공부를 해 보려고 했더니 임신이라니….

'나는 기술사는 못 되는 건가?' 하고 우울했는데, 다행히 남편(미국인)이 옆에서 "Why not?" 하고 물었다. 그때 '그러네. 못할 것도 없지.'라는 마음으로 단순하게 또 나만의 그릇을 꺼냈다. 아직 비어 있는 '건축시공기술사'라는 그릇. 이번에는 그릇이 정말 컸다. 그렇게 나는 첫

기술사 공부를 위해 작성한 수만 장의
서브노트와 페이지마다 촘촘하게 붙인 포스트잇

째와 18개월 차이 나는 둘째를 임신, 출산, 육아하면서 둘째가 생후 6개월 즈음이던 2024년 8월의 어느 날 건축시공기술사가 되었다.

이렇게 말하니 글을 읽는 분들께 또 불친절(?)하게 들리겠지만, 영종도를 나오면서 육아휴직을 시작하던 그날부터의 3년은 내 인생 가장 치열하고, 힘들었고, 행복이 가득했지만, 정말 힘들었고 또 힘들었던 시기였다. '영어 잘하는 그 젊은 여자 대리'에서 내 커리어를 끝내고 싶지 않았다. 커리어라기보다는 와이프, 엄마가 아닌 '황지애'로서의 나였다. 가끔 "그 '나'가 이제 이렇게 끝이 난다니? 아니, 퇴사를 했으니 이미 끝난 건가?" 하는 생각들이 물밀 듯이 밀려들어 와, 아이들을 재우고 피곤한 몸으로 누워도 잠이 잘 오지 않았던 날들이었다.

## 기술사, 그러나 경력 단절 아이 둘의 엄마

이따금씩 나를 찾아오는 그 기분과 생각을 떨쳐 내고 싶었다. '나'를 다시 찾고 싶었다. 이렇게 끝나려고 고등학교 때 그렇게 열심히 공부하고, 대학교 때 마드리드에서 고군분투하고, 회사에서 그렇게 입술 터져 가며 일했었나? 그런 생각이 들기 시작하니, 아들 둘이 너무 예쁘지만 나도 이제 나를 다시 찾아야겠다는 생각이 점점 확고해졌다.

첫 회사에서 총 8년, 임신·출산·육아라는 개인적인 이벤트와 건축시공기술사를 취득한 개인적 커리어 개발 시기 3년을 거쳐, 나는 이제 또 다른 '그릇'을 꺼냈다. 현업으로의 복귀, 가정생활에도 변화가 생겼다. 나만 준비하고 나만 출근하면 되던 싱글 시절과 달리, 아들 둘도 준비시키고 등원시키는 일이 함께 추가된 것이다. 등원은 내가 하지만 하원은 이제 친정 엄마와 하원 도우미분의 도움을 받게 되었다.

현업에 복귀하여 '황지애'를 다시 찾은 것은 더할 나위 없이 행복한 일이지만, 하원할 때 "왜 이제 엄마가 안 와?", "엄마 회사 가?", "회사는 아빠가 가는 건데?", "함미 말고 엄마가 와요."를 첫째가 쏟아 내고, 무슨 일이 벌어지고 있는지 아직 잘 모르는 두 돌이 아직 안 된 둘째를 볼 때면, 가끔 '이게 맞는 건가?' 싶을 때도 있다. 아니, 사실 거의 매일 한다. 그렇지만 그런 나를 다독이는 건 그럼에도 불구하고 나는 매일 최선을 다한다는 스스로의 확신이다.

## 결국 나를 움직이는 건 내 마음

밑도 끝도 그리고 세세한 계획도 없이 매 시기마다 나는 원하는 걸 저질러 왔다. 누가 시키지도 않았는데 항상 내 그릇보다 큰 그릇들을 꺼냈고, 그 그릇들을 채우려고 또 누가 시키지도 않는데 혼자만의 목표를 도장 깨기(?) 하며 살아왔다.

이 시대를 살아가시는 수많은 여성공학기술인 선배님들의 커리어에 비하면 내 커리어는 미약하고 현재 진행형이다. 아직도 미숙하고 다듬어지지 않았으며 갈 길도 멀고 어디로 가야 하는지 나조차도 확실하지 않다.

그럼에도 불구하고 확실한 한 가지는, 앞으로의 내 인생은 가족은 물론 나 자신에게도 계속 버거울 것이라는 점이다. 우습지만 정말 그럴 것이다. 하지만 내가 확실히 아는 건, '해야 한다'는 숙제보다 결국 나를 움직인 건 '내가 하고 싶은 것들'이었다는 점이다. 실체가 없는 어렴풋한 '하고 싶다'는 열망, '이왕 하는 거 잘하고 싶다'는 갈증, 남들이 다 어려울 거라고 할 때 '할 수 있는데요?'라고 하고 싶었던 치기 어린 마음… 이런 단순한 생각들이 매 고비마다 '그냥 하고 싶어서'가 되었고, 그 '그냥'이 내 앞에 놓여 있던 커다란 벽들을 치워 왔다.

지금도 업무라는 전쟁터와 임신·육아·출산이라는 개인으로서의 전쟁터를 냉탕과 온탕 오가듯 누비는 모든 선배님들과 동료들을 존경한다. 그리고 그 길로 오고 있는 후배님들에게도 미리 존경을 표하고 싶다. 직장이라는 전쟁에서, 투입되는 전투가 공학·과학·기술이라니…. 그럼에도 불구하고 서로를 다독이고 뒤에서 밀고 앞에서 끌어 줄 둘도 없는 동료들이 있다는 것에 나는 개인적으로 안도한다.

대학교 때 설계 교수님께서 하셨던 말씀이 있다. "생각만 하고 아무것도 적지 않으면, 스케치북은 계속 하얄 것이다. 큰 책상을 두면 큰 책상이 채워진다. 작은 책상을 쓰면 작은 책상이 채워진다."는 것이다.

여성공학인을 꿈꾸는 후배님들에게 내가 감히 하고 싶은 말이 있다면, 미리 걱정하지 말라는 것이다. 아무리 큰 그릇을 꺼내도 꺼내면 그

여성공학인을 꿈꾸는 후배님들에게 내가 감히 하고 싶은 말이 있다면, 미리 걱정하지 말라는 것이다. 아무리 큰 그릇을 꺼내도 꺼내면 그릇은 채워지고, 스케치북은 꺼내면 뭐라도 그려지고, 아무리 큰 책상을 써도 그 책상을 필요로 하는 일을 하게 되기 때문이다. 그릇을 채우고, 스케치북에 그리고, 큰 책상에서 고군분투하더라도 매 순간의 고군분투가 모여 후배님들 눈앞에 있는 벽들을 하나둘 치워 줄 것을 믿어 의심치 않는다.

# 나의 커리어를 스토리텔링하자!

김혜진

인천용현학익1블럭도시개발사업 시행사, DCRE 사업기획실장

고려대학교 건축공학과를 졸업한 후 25년간 현대건설에서 근무하였다. 고려대학교 MBA, 서울벤처대학원대학교에서 기술경영학 박사를 취득하고, 스마트시티역량개발센터장을 역임하였다. 저서로는『명품아파트의 법칙』이 있다. 현재 인천용현학익1블럭도시개발사업의 시행사인 OCI홀딩스 계열사 DCRE에서 전략마케팅 담당 임원으로 재직하며 커리어 개발과 관련하여 여성 리더 후배 양성에 많은 관심을 가지고 있다.

## 나는 현대건설에서 시키지 않는 일만 했다

나는 대기업에 신입사원으로 밀레니엄 해인 2000년에 입사하여 올해로 25년째 다녔다. 한 직장에서 이토록 오래 버틸 수 있었던 이유는 무엇일까. 주변에선 대기업 건설회사에서 작은 체구의 여자가 남자들 틈바구니에서 지금까지 버티느라 얼마나 힘들었겠냐며 위로를 하곤 한다.

그러나 내가 버틴 해답은 남들이 생각하는 요샛말로 '존버'가 아니다. 내가 버틸 수 있었던 것은 원하는 부서를 선택하여 이동하며 항상 새로운 일에 도전하고 그 성과를 맛보았던 경험이 반복되었기 때문이다.

신입사원 시절, 현대건설 해외건축사업본부에서 시작하여 해외 입찰과 견적 업무로 대기업의 업무 경험을 시작하였다. 사원이기에 상사가 시키는 대로 입찰 업무 시스템의 매뉴얼대로 업무와 대기업의 시스템을 이해하게 되었고, 동일한 업무 패턴에 지루함을 느끼며 나의 고민은 시작되었다. 아침에 눈을 떠서 출근하는 길이 즐겁지 않았다.

'오늘도 회사에 가서 똑같은 일을 할 텐데, 굳이 내가 아니어도 되지 않을까? 나만이 잘할 수 있는 일, 내가 더 잘할 수 있는 일을 하고 싶은데, 방법이 없을까?'

때마침 '마케팅팀' 신설에 따른 사내 공모가 회사 게시판에 올라왔다. 그 게시글은 나의 탈출구로 보였고, 사내 공모에 지원하여 면접을 보았다. 나의 도전적 모습이 마음에 들었는지 바로 함께 팀에 합류하자는 제의가 왔다.

두 번째 부서인 마케팅팀에서 새로운 업무를 시작할 수 있게 되었다. 신규 주택사업에 대한 분양성 검토 의뢰가 들어오면, 당시에는 내비게

이션도 없던 시절이라 지도에 표시하며 땅을 직접 찾아다니며 시장조사를 해야 했다. 그 후 상품기획과 분양가 산정을 하고, 그에 따른 마케팅 전략을 수립하는 일을 하였다.

당시 현대건설의 아파트 브랜드는 '현대홈타운'으로 경쟁사 아파트 브랜드인 '래미안', '자이'와 비교했을 때 우리의 이미지는 너무나 전원적이고 시골스러운 느낌이었다.

"그래, 바로 브랜드 문제였어, 우리의 아파트 이미지 문제였어."

나는 팀장님께 '뉴브랜드 프로젝트' 추진을 제안하였고, 3년 후 '힐스테이트' 브랜드를 런칭하게 되었다.

회사 내 새로운 역할의 팀이 필요하다는 제안과 함께 신규 팀으로 이동하게 되었다. 브랜드가 변경된다는 것은 단순히 네이밍만 바뀌는 것이 아닌, 브랜드 컨셉에 따른 상품, 서비스 그리고 고객이 경험하는 모

2006.09. 힐스테이트 브랜드 런칭 행사일, 당시 만삭(2006.12. 큰딸 출산)

든 경로의 순간에 대한 변화가 라인업되어야 한다는 것이다. 그런데 그러한 변화가 기존 조직의 틀과 기존의 칸막이식 업무 분장에서 가능할 것인가?

나는 '고객가치팀'을 제안하였고, 각 고객접점 단계의 책임자급을 TF로 묶어 고객가치혁신을 전사적으로 이루고자 기획실 내에 팀 신설을 제안하였다. 또한, 업계 최초로 브랜드 실체를 알리고자 '힐스테이트 브랜드쇼'를 기획하여 모델하우스에서 행사를 진행하였다.

## 부서 이동을 통한 끊임없는 도전과 성장

네 번째 부서는 회사의 CEO가 바뀌고 경영전략팀으로 합류하여 나는 또 새로운 회사에 입사한 기분으로 새로운 업무를 시작할 수 있었다. 회사의 비전 수립, 중장기 경영전략, CSR 전략, CSR팀 신설 및 지속가능경영평가 도입 등 건설업의 체질 개선을 위한 모든 일들을 드라마틱하게 경험할 수 있었다.

다섯 번째 부서는 둘째 출산 휴가 후 복직하면서 고민이 시작되었고, 경영기획팀에서 철저히 상부 지시 패턴에 의한 단발성 업무를 위한 긴급조에 투입되어 촉각을 다투며 업무를 하게 되었다.

여섯 번째 부서는 경영기획팀에서의 업무 스트레스에 따른 탈출을 고민하며 시작되었다. 당시 기획본부장이 연구개발본부장 겸직 발령이 났다. 나는 자연스레 기획본부와 연구개발본부의 총괄 업무를 동시에 수행하게 되었고, 덕분에 그전까진 전혀 몰랐던 R&D 조직과 역할을 알게 되었다. 기획본부의 조직에 오랫동안 있으면서 회사의 미래에 대해 고민은 하였으나 기획/전략 수준에 머물렀었는데 그 실체를 준비하는 곳이 바로 연구개발본부였던 것이었다.

"그래, 다음에 내가 갈 부서는 R&D야. 회사의 미래뿐 아니라 나의 미래도 고민해 볼 수 있는 좋은 기회야."

나는 회사의 미래 방향성에 맞게 R&D의 방향성도 얼라인되어 라인업되어야 한다고 주장했고, R&D전략팀을 제안하여 최연소 차장급 팀장이 되었다. 중장기 R&D전략, 스마트시티/스마트컨스트럭션 R&D 로드맵 수립, 글로벌 R&D네트워크 구축, 국제 컨퍼런스 개최 등 현대건설 역사상 연구개발본부의 위상이 가장 높고 인원도 가장 많았던 시절이었다.

2019.01. 현대건설 연구개발본부 마북리 연구동 앞, 유럽R&D연합 기관과의 협력 행사

R&D전략팀장이 되어 굉장히 많은 일을 수행하였는데, 지금 되돌아 보면 후회되는 면도 있다. 업무 성과의 속도보다는 함께 일하는 사람들과의 관계 형성에 더 신경 썼더라면 어땠을까 싶다.

## 현장에서 펼치는 새로운 도전

일곱 번째 부서는 현재 소속하고 있는 '용현학익도시개발사업단'이다. 현재 부서는 현대건설이 20년 만에 내게 준 선물과 같은 조직이다. 나는 건축공학과를 졸업하고 건설회사로 입사했으나 먼지 날리며 현장 잠바 입고 필드를 뛰는 일은 피하고 싶어 일부러 본사 조직에만 머무르며 스스로의 경력을 오피스 업무로 제한해 왔다. 그동안의 업무 스트레스라면 항상 새로운 업무를 고민하고 없던 업무를 만들어 내야 하며, 역할 유지를 위해 전방위로 신경을 써야 한다는 점이었다.

현재는 그런 고민을 전혀 하지 않는다. 주어진 프로젝트 일정과 현안에 따라 이해관계자들인 시행사, 설계사, 콘소시엄사 등과 신뢰 관계를 구축하여 소통하기만 하면 대부분의 문제는 해결된다. 현안에 따라 본사 조직과 코디네이션, 사전/사후 보고면 되는 것이다. 내게는 또 다른 새로운 직장에 온 느낌이다.

현대건설에서 25년간 근무했으나 나는 '존버'가 아니다. 내가 하고 싶은 일들과 필요하다고 판단되는 일에 따라 옮겨 가고 있다. 그리고 앞으로도 회사가 나에게 새롭게 해야 할 일들을 제안할 것이고 나는 그 일을 하게 될 것이다. 회사의 발전은 내가 고민하는 대로 이루어지고 있는 것이다. 나의 발전이 곧 회사의 발전이라 난 믿는다.

## 회사가 하지 않는 일에 직접 부딪혀 보자!
## 입주자대표회장 경험기

나는 2021년부터 2025년까지 4년 동안 잠실엘스 아파트 입주자대표회장을 맡아 일했다. 쉽지 않은 시간이었지만, 그 과정에서의 경험과 배움을 기록으로 남기고 싶어 『명품아파트의 법칙』이라는 책을 출간했다.

25.06. 첫 출간한 서적 『명품아파트의 법칙』

25.08. 경인방송에 출현하여 『명품아파트의 법칙』 도서 소개

아파트는 건설회사가 지어 준공을 마친 순간부터 실제 관리 주체가 입주민들에게로 넘어간다. 입주자대표회의가 제대로 구성되기 전까지는 관리체계가 안정되지 않아 불안정한 시기를 겪기도 한다.

요즘은 단순히 고분양가의 브랜드 아파트를 짓는 것만으로 경쟁력이 생기지 않는다. 하드웨어 외에도 입주민이 생활 속에서 체감할 수 있는 다양한 서비스와 관리 시스템, 즉 '소프트웨어'가 더욱 중요해졌다. 나는 바로 이 부분이 아파트의 가치를 결정짓는 핵심이라고 생각했고 그래서 직접 입주자대표회의 운영에 뛰어들었다.

대기업에서만 일해 온 나에게 이 경험은 새로운 도전이었다. 나이와 배경, 경험이 모두 다른 분들과 함께 의견을 모으고 합의점을 찾아가는 과정은 결코 쉽지 않았다. 때로는 상식이 통하지 않는 일도 있었고 매번 다른 이해관계를 조율하며 그 속에서 인내심과 설득, 협상의 힘을 배울 수 있었다.

그 결과, 책에 자세히 담았듯이 지하주차장 리모델링 같은 큰 성과를 만들어 낼 수 있었다. 무엇보다 중요한 것은 힘든 과정을 끝까지 해냈다는 자신감과 앞으로 어떤 일에도 주저하지 않고 도전할 수 있다는 용기를 얻게 된 점이다. 다양한 이해관계자를 한 방향으로 이끌어 가는 방법도 몸으로 체득하는 시간이었다.

4년간의 입주자대표회장 직은 내게 큰 자산이며 서로 다른 의견을 조율하며 하나로 끌어가는 리더십은 어떤 분야에서든 꼭 필요한 자질이기 때문이다.

## 커리어와 함께 학위 취득해 나가기!

건축공학과를 졸업한 뒤 현대건설에 입사해 학업을 병행하며 나의 커리어를 끊임없이 확장해 왔다.

마케팅팀으로 이동했을 때는 새로운 분야를 제대로 이해해야 한다는 생각에 고려대학교 경영대학원에 입학해 MBA 과정을 밟았다. 졸업 논문은 내가 직접 참여했던 현대건설 힐스테이트 브랜드 개발 사례연구로 작성했는데 회사 생활과 학문을 연결시킨 의미 있는 성과였다.

이후 연구개발본부로 옮기면서 나 역시 더 깊은 공부가 필요하다고 느껴 고려대학교 기술경영대학원 박사과정에 도전했으나 결국 수료만 하고 논문을 멈추기도 했다.

그때 나는 연구소에서 스마트시티 전략 프레임과 로드맵 수립이라는 중요한 업무를 맡고 있었다. 마침 스마트시티 연구에 전문성을 가진 교수님을 소개받았고, 서울벤처대학원대학교의 스마트시티기술경영 전공 박사과정에 편입하여 새로운 도전을 시작할 수 있었다.

논문 주제를 정하는 데에도 오랜 시간이 걸렸지만, 방향을 '스마트시티'로 확실히 정한 덕분에 조금씩 진도를 낼 수 있었다. 최종적으로 "건설대기업의 스마트시티 역량평가지표 개발"이라는 논문을 완성할 수 있었다. 국가나 도시 단위의 평가 기준을 참고해 건설회사가 스마트시티 분야로 사업을 확장하기 위해 필요한 역량을 최초로 체계화한 것이다. 이 연구를 바탕으로 현재 서울벤처대학원대학교 스마트시티역량개발센터장으로 활동 중이다.

돌아보면, 나의 길은 늘 새로운 도전의 연속이었다. 쉽지 않은 순간마다 포기하지 않고 회사에서의 경험과 학문을 연결해 내 커리어를 스토리텔링으로 만들어 냈다. 그 과정에서 나는 더 단단해졌고, 결국 '스마트시티 전문가'로 자리매김할 수 있었다.

해당 시행사에서 스카우트 제안을 받아, 지금은 전략마케팅 임원으로 일하고 있다. 이제는 건설사를 넘어, 도시를 만드는 디벨로퍼로서 제2의 커리어를 시작한 것이다. 새로운 길은 언제나 설레고 또 신나는 도전이다. 나 역시 여전히 배우고, 또 성장하기 위해 노력하고 있다. 새로운 분야에 대한 도전이 두려운 것은 당연하다. 그러나, 자신의 경험을 연결하여 스토리텔링을 만들고, 끊임없이 배워 나가려는 용기가 있다면 어떤 길이든 개척할 수 있다.

# 남산 위의 소나무처럼

### 제은순
삼환기업㈜ 건축부장

한양대학교 건축공학과 4학년 졸업 전 1994년 11월부터 건설회사인 삼환기업㈜ 건축사업본부에 입사하였다. 1994년 본사 견적팀 근무, 건축기사 취득, 1995년 건축공학 학사 학위 취득, 1997년 본사 공무팀, 기술영업팀 근무, 건설안전기사 취득, 2005년부터 현장 공무 업무 수행 등 현재까지 약 31년간 근무하였고 가능한 계속할 계획이다. 2018년 5월 건축시공기술사를 취득하였고, 회사가 2번의 기업회생절차에도 불구하고 여전히 삼환기업㈜에 건축부장으로 재직하며 현장에서 건축 공무 업무를 수행하고 있다. 여성기술인과의 교류를 좋아하여 한국기술사회 여성위원회 회원, 건설기술인협회 대의원으로도 활동하고 있다.

## 바람결 속의 시작

　1994년 늦가을, 한양대학교 교정을 거닐던 나는 늘 바람에 흔들리는 나뭇잎을 바라보곤 했다. 그 시절, 건축공학과 여학생들에게는 도전의 기회가 많지 않았을뿐더러 진출 분야도 제한적이었다. 주어진 길은 너무나도 뻔했다. 설계사무실로 취직하는 것. 나 역시 설계를 잘한다는 말을 자주 들었다. 한국 건축전 입상, 대한민국 건축대전 입선이라는 성과도 있었다.

　하지만 이상하게도 설계는 어렵게 느껴졌다. 대신 시공 관련 과목은 교수님 말씀이 귀에 쏙쏙 들어오고 재미있었다. 구조역학의 계산식, 건축자재의 특성, 공정관리의 흐름이 오히려 내 마음을 더 쉽게 열었다. 나는 그 안에서 호흡했고 살아 있음을 느꼈다.

　"내 길은 설계사무소가 아니라 건설회사다."

　결심은 단호했다. 그리고 나는 삼환기업이라는 건설회사의 이름을 품에 안았다.

## 첫 직장, 그리고 눈부신 청춘

　대학 졸업을 앞둔 스물세 살 겨울. 그때는 건설경기가 호황기라 대학 4학년 때 신입사원을 뽑았다. 나는 1994년 11월, 삼환기업 건축사업본부 견적팀에서 첫 근무를 시작했다.

　낯선 도면 속 선과 숫자는 종종 미로 같았지만 종일 붙들고 씨름하는 그 시간이 내겐 오히려 기쁨이었다. 책상 위엔 늘 커피 냄새가 배어 있었고 늦은 밤까지 불이 꺼지지 않는 사무실엔 '함께 성장한다'는 묘한 설렘이 가득했다.

입사한 첫해에 여관 작업(여관을 빌려 견적 직원들끼리 출퇴근 없이 밤새워 가며 일하는 것)을 하면서 참여한 공사가 지금은 '우리은행'으로 바뀐 '상업은행본점'으로 무려 1,000억 원이 넘는 공사였다. 입찰 결과가 발표되는 날 모두 기쁨의 환성과 박수, 휘날리는 종이들은 회사를 다닌 지 수십 년이 지나도 슬로비디오처럼 생생하게 기억된다. 회사에 복덩이가 들어왔다고 좋아했던 기억도 잊히지 않는다.

그러나 종이 위의 숫자만으로는 건축의 숨결을 온전히 느낄 수 없었다. 본사 견적팀에서 1년 반 동안 적산 업무를 했지만, 현장에서 직접 보고 경험하면 적산 업무를 더 효율적으로 할 수 있겠다고 생각했다. 그러던 중 본사 공무팀에서 간접적으로나마 현장을 경험할 수 있는 공무 업무를 맡게 되었고 어느덧 10년이 지났다.

본사 공무 업무를 수행하던 기간 내내 현장에서의 경험이 무엇보다 중요하다는 생각이 뇌리를 떠나지 않았다. 지속적으로 현장 발령을 요청하여 2005년도에 드디어 SH공사가 발주한 은평뉴타운1지구 A공구 아파트 건설 공사현장으로 발령이 났다.

## 현장, 삶의 교과서

처음 발을 디딘 현장은 철거가 안 된 폐건물과 잡목이 우거진 풀밭이었다. 가설 울타리와 현장 사무실을 설치하고 토공사업체가 공사에 착수하면서 점차 현장이 제 모습을 갖춰 갔다. 현장 소장님과 직원들이 합심하여 2년 뒤 아파트가 완성되어 가는 것을 보면서 '와, 이것이 바로 현장 근무의 매력이구나!'라는 생각이 들었다.

잡목이 우거진 풀밭이 사람의 보금자리인 아파트와 조경수로 아름답게 조성되었다. 현장 공무라 직접 시공한 것은 아니지만, 현장 준공에 함께했단 사실에 자부심과 업무에 대한 애착이 생겼다.

철근이 부딪히는 쨍한 소리, 콘크리트 타설의 묵직한 울림, 그리고 수십 명의 인부들이 흘리는 땀 냄새까지, 나는 그 속에서 진짜 건축을 배웠다. 공문 한 장의 무게가 수억 원의 비용을 바꾸기도 하고, 하도급 업체의 한숨이 현장의 진도를 늦추기도 했다. 때로는 협력업체가 부도 나는 바람에 골조공사를 직영으로 이어 가야 했고, 민원이 빗발치는 상황에서 한밤중까지 대책을 수립한 날도 있었다. 하지만 그 모든 순간은 나를 단련시켰다.

## 영락없는 현장 체질

남성 중심의 조직문화가 강한 건설현장이지만 근무하면서 별다른 애로사항은 없었다. 과중한 업무와 부족한 잠으로 스트레스와 피로가 쌓였지만 현장에서는 그때그때 일이 즉각적으로 해결되는 매력이 있다.

나의 첫인상은 군인이나 교사처럼 딱딱해 보이는 면이 있어서 처음에는 오히려 남자들이 말 붙이기를 어려워했다. 그러나 친해지면 편하고 믿음이 가는 성격이다. 하도급 및 자재 협력업체와 일을 할 때도 조목조목 짚어 가며 합리적으로 설명하고 이해를 구하면, 큰소리 나지 않고 원만히 일을 해결할 수 있었다.

현장에는 꼭 자금이 부족한 협력업체가 하나둘 있기 마련이다. 수원광교아파트(LH공사) 현장에서 2011년 12월 크리스마스 날에 있었던 일이다. 공휴일이라 혼자 사무실에 남아 당직 근무를 서고 있는데, 성난 작업자 5명이 밀린 노임을 당장 해결하라고 소동을 부렸다. 당시 나는 과장이었고 노임 해결 방안을 기안 중에 있었다. 작업자들은 계속 큰소리를 치고 공포 분위기를 조성하였다. 사무실에는 일촉즉발의 긴장감이 감돌았다. 조용히 이야기를 듣다가 작업반장의 눈을 정면 응시하며 이야기했다.

"오늘이 크리스마스인 거 아시죠? 저도 엄마고 아내고 가정이 있습니다. 하지만 미불 노임을 해결하려고 출근해서 일하고 있는데 자꾸만 큰소리치면 제가 일을 못 합니다. 조금만 참고 기다려 주세요. 제가 어떻게든 해결하겠습니다."

그들은 꼭 지불하라며 돌아갔고 결국 며칠 뒤 노임이 지불되었다. 사

수원광교아파트 현장 전경과 현장 직원들

실 그때는 정말 무서웠다. 그러나 그들과 나는 똑같은 사람이고, 노임을 못 받아 얼마나 절박했을까를 생각하니 두려움보다 이해가 앞섰고 용기를 낼 수 있었던 것이다.

## 무너짐과 버팀

2012년도 회사의 첫 번째 법정관리 소식이 들려왔을 때 나는 인천소래아파트(LH공사) 현장에서 공무 책임자였다. 평생 회사가 어려울 것이라는 생각은 한 번도 한 적이 없었다. 그렇게 튼튼했던 내 회사가 없어질 수도 있다는 생각에 밥도 잘 못 먹고 잠도 잘 못 자고 기분이 점점 우울해졌다. 주변에선 "회사가 법정관리에 들어간 거지, 네가 망한 게 아니다. 힘내."라고 했지만 나는 회사와 나를 동일시했던 것 같다.

그러나 협력사와 자재업체가 불안에 떨고 공정이 멈출까 전전긍긍하는 와중에도 나는 흔들릴 수 없었다. '이 현장은 멈추지 않는다.' 그 마음 하나로 버텼다. 그리고 기적처럼 회사는 회생절차를 마무리하고 일상으로 돌아왔다.

하지만 두 번째 법정관리, 2018년. 그때는 달랐다.

'이번엔… 정말 회사가 사라질 수도 있다.'

어두운 사무실에서 홀로 도면을 바라보던 그 밤, 절망이 심장을 짓눌렀다. 그러나 무너져 있을 수만은 없었다. 가족을 지켜야 했고 내 삶을 이어 가야 했다.

그렇게 나는 건축시공기술사 공부를 시작했다. 단 100일, 절박함은 놀라운 힘이 되었다. 숨이 막히는 일정 속에서도 나는 매일 책상 앞에

앉았다. 결국 2018년 5월 18일! 합격자 명단에는 내 이름이 들어 있었다.

마치 운명처럼 같은 날 삼환기업은 SM그룹에 인수되었다. 회사는 새 이름을 얻었고, 나는 또다시 그곳에 남아 있었다. SM삼환기업에서도 여전히 건설현장에서 공무 업무를 보고 있다. 어느덧 30년이 훌쩍 지나가고 있다.

### 여성기술인의 길

현장에서 여성이란 늘 낯선 존재였다. 하지만 나는 두려워하지 않았다. 오히려 남성들보다 더 많이 배우고 더 오래 현장에 서고 더 치열하게 일했다. 때로는 몸이 무거워도 웃으며 회의를 주재했고, 철저한 공정 관리와 원가 절감으로 인정받았다. 그렇게 한 걸음 한 걸음, 나는 나를 증명해 나갔다.

'여성도 할 수 있다. 아니, 누구보다 잘할 수 있다.'

건설현장은 아무리 어려운 일이 있더라도 시간이 지나면 어떻게든 해결된다. 어려운 일이 생길 때 포기하기 말고, 반드시 해결된다는 믿음을 갖고 길게 생각하면 된다. 그러나 해결을 쉽게 하기 위해서는 실력 향상을 위한 공부와 노력을 아끼지 말아야 한다. 이것이 현장을 임하는 나의 자세이다.

### 앞으로의 꿈

돌아보면, 내 청춘의 거의 전부가 삼환기업과 함께였다. 대학 시절의 풋풋한 열정, 결혼과 출산, 그리고 가족과 함께한 일상까지. 그 모든 순간이 삼환과 맞닿아 있었다.

 이제 나는 새로운 꿈을 품는다. 현장의 원가·공정·품질·환경관리를 철저히 관리하며 국가 발전에 이바지하는 일. 그리고 무엇보다 후배 여성건축기술인들에게 길을 열어 주는 일.

 건설업계는 자신만의 기술과 전문성만 확고하다면 섬세함을 갖춘 여성들이 활약하기에 더없이 좋은 분야다. 멋진 여성으로 인정받고 후배 여성공학인의 롤모델이 되기 위해 나는 오늘도 더 열심히 일한다.

 나는 여전히 바람에 흔들리는 나뭇잎처럼 살아가고 있다. 그러나 이제는 안다. 강한 바람에도 뿌리를 굳건히 내리는 남산 위의 소나무처럼, 내 삶 역시 흔들림 없는 의지로 서 있다는 것을.

# 지도를 바꾸는 위대한 일

김세희

대우건설 선임

한양대학교 건축공학과를 졸업하여 2017년 대우건설에 입사하였다. 반포써밋 현장, 상품개발팀, 평촌엘프라우드 현장, 신길10구역 재건축 현장을 거쳐 고척 푸르지오힐스테이트 현장에 근무 중이다. 입사 9년 차로 세대 인테리어 설계, 현장 공사팀, 공무팀에서 다양한 업무를 경험하였다. 여성 후배가 들어오면 누구보다 관심을 가지고 챙겨 주려 하며, 건설업계에 여성 직원들이 더 많아지고 편하게 일할 수 있기를 항상 꿈꾸고 있다.

## '나도 건물을 지어 보고 싶다!'

글을 쓰기에 앞서 나는 언제부터 '건축'을 내 인생의 키워드로 품게 되었을까 생각해 보았다. 사실 어렸을 때부터 건축학도를 꿈꾸던 학생은 아니었고, 공대 진학이라는 막연한 목표를 가지고 공부했을 뿐이다.

원서를 넣을 때가 되어서야 내가 어느 분야에 관심이 있는 걸까 생각하며 공과대학의 학과들을 쭉 살펴보았다. 평소에 건물이 어떻게 저 큰 무게를 견디며 서 있는 걸까 하는 궁금증을 가지고 있던 터라 '건축공학과'가 눈에 들어왔다. 그 작은 호기심이 건축을 내 인생의 주요 키워드로 삼게 된 첫 시작점이라 할 수 있겠다.

건축공학과로 입학했지만 학교의 커리큘럼에는 건축학과에서 주로 진행하는 '설계' 수업도 필수로 포함되어 있었다. 건축설계라는 이미지를 생각해 보면 캠퍼스에서 제도통을 어깨에 메고 돌아다니거나, 2012년 인기리에 방영된 드라마 〈신사의 품격〉에서 설계사로 나오는 장동건이 프로페셔널하게 일하는 모습을 떠올리게 된다. '공대에서 가장 예술적인 과'라는 이미지가 머릿속에 자리 잡고 있었던 것 같다.

하지만 현실은 달랐다. 아무것도 없는 트레싱지 위에 무언가를 그려 내야 한다는 사실이 나에겐 압박으로 다가왔고 시작을 못 해 넋을 놓기 일쑤였다. 한 학기에 두 번씩 다 같이 모여 본인의 작품에 대해 발표하고 교수님의 평가를 듣는 크리틱 시간은 특히 두려웠다. 선배, 동기들과 밤도 새우며 나름대로 몇 주간 고생해서 작품을 만들어 가도 교수님의 평가는 냉정했기에 '역시 설계는 내 길이 아니구나.'라는 생각을 자주 품곤 했다.

반면 공업수학이나 구조역학 같은 수업은 늘 즐거웠다. 어렸을 때부터 제일 좋아하고 자신 있었던 과목이 수학이었기에 수식을 계산하여 정해진 답을 도출해 내는 과목들에서 재미를 느꼈다.

또한 건축시공 수업에서 실제 현장을 견학하는 기회가 있었는데 선배들이 안전모를 쓰고 현장에서 진두지휘하는 모습이 굉장히 멋져 보였고 마음속에 크게 다가왔다. 현장의 선두에서 수많은 작업자들을 이끌며 하나의 거대한 건축물을 만들어 나가는 역할이 매력적으로 느껴져 나도 일원이 되고 싶어졌다. 그렇게 자연스럽게 '건설회사에 들어가야지!'라는 꿈을 꾸게 되었고, 취업을 준비하는 4학년이 되어 어떤 회사들이 있는지 알아보기 시작했다.

건설회사에 입사하면 현장 생활은 필수일 터였다. 그런데 '노가다'라고 불리는 건설현장을 생각하면 거칠고 힘든 이미지가 떠올랐다. 현장에서 오래 버티기 위해서는 회사의 분위기가 중요한 요소가 될 것이라는 나만의 기준이 생겨 알아보니, 건설회사에서 소수일 수밖에 없는 여성 직원들을 배려해 주는 분위기로 알려진 회사들이 있었다. 대우건설은 그중 하나였고 이곳을 다른 회사보다 우선순위로 삼으며 입사하고자 하는 간절함은 커졌다. 제1공학관에서 합격자 발표를 확인했던 그 순간의 감격은 아직도 잊지 못한다.

## 자식 같은 나의 담당 동

"무슨 일이든 맡겨만 주십시오!"

신입사원의 열정으로 가득 찬 내가 첫 발령으로 가게 된 곳은 반포써밋이라는 아파트 현장이었다. 안전모, 안전벨트, 안전화 등 안전 장비를 착용하고 거울 속의 나를 보니 간절했던 취업준비생 시절의 모습이 주마등처럼 지나갔다. 스스로에 대한 대견함과 뿌듯함을 느끼며 선배들을 따라 현장에 나갔다.

　당시 현장은 공사를 시작한 지 1년 반 정도 지난 상태였고, 지하층 골조공사 후 지상층 골조공사를 세팅하고 있었다. 골조공사는 거푸집 안에 철근을 넣고 콘크리트 타설을 하여 건물의 뼈대를 형성하는 가장 중요한 공사이다. 공사팀으로 발령을 받았지만 현장 용어조차도 낯설었던 나는 눈을 동그랗게 뜨고 연신 카메라 셔터를 누르며 붉은색 큰 고철 덩어리가 하늘 위를 날아다니는 광경을 담아냈다. 그때는 그 덩어리가 건물의 외벽을 형성하는 주요 거푸집인 갱폼(Gang Form)이라는 사실도 몰랐고, 불과 6개월 후에 35층에 매달려 있는 갱폼 발판을 밟으며 아찔함을 느끼게 될 것이라는 사실도 알지 못한 순수한 신입사원이었다.

　한 달 정도 선배들을 열심히 따라다니며 현장에서 건축기사가 해야 하는 일들을 배웠고 어느새 나에게도 담당하는 동이 생겼다. 규모가 조금 작고, 선배들이 맡은 선행 동들을 따라가면 되는 2개 동을 맡았다. 두 동에 대해서는 모든 내용을 현장 내 누구보다 가장 잘 알고 있었고, 현장의 전체 공정에 영향을 끼치지 않도록 공정을 관리하며 담당 동에 대한 애착심이 나날이 커졌다. 경부고속도로를 지날 때면 현장이 보이는데, 8년이 지난 지금도 내가 맡은 동을 보며 아무도 모르는 뿌듯함을 잔뜩 느끼곤 한다.

## 혹독함을 견디고 현장의 인싸가 되기까지

건설현장은 어느 곳보다 하루가 일찍 시작한다. 아침 7시면 작업이 시작되기 때문에 나 역시 5시에 기상하고 출근해야 했다. 처음에는 알람이 필수였지만, 현장 생활에 점점 익숙해지며 쉬는 날에도 5시면 눈이 떠지고 밤 10시에는 스르르 잠이 들었다. 퇴근 후 친구들을 만나 신나게 수다를 떨다가도 밤 9시가 넘으면 눈이 감기며 집에 가야 한다고 일어나니, 20대 중반에 할머니라고 놀림을 받기도 했다.

현장에서 근무하다 보면 날씨의 영향을 몸소 느끼게 된다. 대부분의 작업이 외부에서 이루어지기 때문에 더울 때는 더운 곳에서, 추울 때는 추운 곳에서 일할 수밖에 없다. 2017년 한여름의 어느 날, 여느 날과 마찬가지로 오전 내내 현장을 열심히 돌아다니고 오후 작업을 준비하러 나가고 있었다. 그 순간 눈앞이 아득해지고 등에 식은땀이 흐르며 더 이상 걷기가 힘들었다. 드라마에서 보았던 화면이 흐릿해지며 빙글빙글 돌아가는 그 장면을 몸소 느끼는 기분이었다.

병원에서 수액을 맞으며 휴식을 취하니 괜찮아졌지만 그 이후로 현장에서는 소위 '김세희법'이 생겼다. 얼음팩과 목쿨러는 기본이고 냉방 기능이 장착된 안전모가 지급되는 등 다른 현장에서는 쉽게 볼 수 없는 수준의 조치들이 생겨난 것이다. 그 덕분에 남은 여름은 무사히 잘 지냈고, 소수의 여성 직원을 배려해 주는 현장의 소중함을 느낄 수 있었다.

사실 20대 중반에 사회생활을 갓 시작한 여성 직원이 현장에서 일한다는 건 쉬운 일이 아니다. 건설현장에서 20~30년씩 일하신 베테랑들은 딸 같은 어린 직원이 관리감독자라는 사실에 먼저 거부감을 느낄 수도 있다. 물론 나도 부정적인 태도로 대하는 작업자를 만난 경험이 있

갱폼 위에서 카자흐스탄 골조팀과 함께 찍은 기념사진

고, 그럴 때는 어디서 나왔는지 모르는 패기로 싸우기도 했다. 몸도 지치고 감정적으로도 힘든 순간이었지만, 이는 위기가 아니라 기회일 수 있다며 마음을 다잡았다.

어려서 모른다고 무시하는 고참 반장들에게는 반장님께서 잘 아시니까 가르쳐 달라며 다가갔고, 협력업체 소장에게는 막내 특유의 밝은 태도로 다가가 내가 맡은 동에 먼저 작업을 투입할 수 있었다. 인사하며 다가가는 태도가 작업자들의 마음을 점점 열어 나중에는 그들이 나를 더 반가워하고 먼저 찾아 주기도 했다. 현장 곳곳에서 팬미팅이 열린다는 선배들의 농담은 쑥스러우면서도 내심 기분이 좋았다.

## 지루할 틈이 없는 회사 생활

다사다난했던 첫 현장이 준공을 하고 본사 상품개발팀으로 발령을 받았다. 꼬질꼬질한 모습으로 퇴근 후 지하철을 타던 모습과 달리 사원증을 목에 걸고 광화문을 돌아다니니 이제야 직장인이 된 기분이었다.

상품개발팀 인테리어 파트는 아파트를 분양받기 전 단지에 대한 정보를 제공하는 모델하우스 내 세대 인테리어 설계가 주요 업무이다. 분양 시 모델하우스를 방문한 사람들은 집의 공간 구성과 마감재를 미리 볼

준공을 앞두고 같이 고생한 공사팀과
현장에서 찍은 기념사진

수 있고, 입주 시 어떻게 집을 꾸미면 좋을지에 대한 정보를 제공받기도 한다.

분양의 특성상 전국 각지로 출장을 다니며 4년간 수십 개의 모델하우스를 건립하였다. 평소에 로망으로 품고 있던 디자인을 실현해 보기도 하고, 디자인 트렌드와 실용성을 조화롭게 구현하기 위한 고민도 많이 했었다. 다양한 경험을 하며 디자인 안목을 키울 수 있었으며, 업무적으로도 성장할 수 있었다. 모델하우스를 건립한 후 분양이 진행되며 현장이 개설되기에 모델하우스 업무를 하며 한 현장이 생기기까지 사업적으로 어떤 절차들이 진행되는지 배울 수 있어 값진 시간이었다.

## 지도를 바꾸는 위대한 일

9년 차인 나는 여전히 때때로 신입사원의 기분을 느낀다. 지금은 4년간의 본사 경험 이후 다시 현장에 발령받아 공사가 아닌 공무 업무를 맡으며 배움의 세계를 경험 중이다.

건설회사의 장단점을 꼽는 사람들은 '좋아도, 싫어도 3년'이라는 말을 종종 한다. 착공부터 준공까지가 보통 3년 주기로 진행되다 보니 주기적으로 일터를 옮기게 되며, 본사와 현장 간 순환 근무를 하게 되는 경우가 많다. 나에게 이 환경은 많은 사람들을 만나고 다양한 업무를 경험할 수 있는 바탕이 되었다. 짧다면 짧고 길다면 긴 시간 동안 스스로 성장한 것을 느낀다.

지금껏 깊이 공감하며 오래 간직한 한 선배의 말이 있다. 바로 건축은 '지도를 바꾸는 위대한 일'이니 자부심을 가져도 된다는 말이었다. 단순한 호기심으로 건축과 인연을 맺었지만 현장 생활을 하다 보니 건축물을 완성시킨다는 건 멋있는 일이라고 생각하게 되었다. 아무것도 없던 대지에서 동료 직원들과 몇 년간 땀 흘려 고생한 결과물이 웅장한 건물로 탄생하고, 지도에 자리 잡을 때의 감정은 이루 표현할 수 없을 정도이다.

현장 구성원 모두가 위험을 감수하며 닦아 내는 새로운 지도의 길은 그 어떤 길보다 값지다고 생각한다. 공학인의 길을 걷는 후배들이 건설업 이미지의 선입견을 뛰어넘어 이와 같은 벅찬 경험을 할 수 있는 기회가 많아지길 바란다.

# 건축을 한다는 것,
# 재능보다는 진심 어린 마음

## 황연숙
### 연남건축사사무소 대표

동국대학교 건축공학과를 졸업하고, 이화여자대학교 대학원에 진학하여 석사 학위를 취득하였으며, 2024년에는 동국대학교에서 박사과정을 수료하였다. ㈜간삼건축종합건축사사무소에서 실무를 쌓았으며, 현재는 연남건축사사무소를 운영 중에 있다. 국토교통부와 경기도 지자체 등 공공기관의 심의위원으로, 또한 서울시교육청, 경기도교육청에서 꿈담건축가, 학교건축가로 활동하는 등 공공건축 발전에 많은 기여를 하고 있다. 저서로는 『색채와 공간』이 있다. 2002년부터는 후학 양성을 위해 경기대, 서일대, 대림대 등에 출강하였고 현재는 동국대학교 건축공학부에서 건축설계 과목을 가르치고 있다.

## 진심, 건축을 대하는 태도

주변에서 "황 소장(건축사사무소 대표는 소장으로도 많이 불린다)은 건축에 진심인 것 같다."라는 소리를 많이 듣는다. 그런 이야기를 들을 때마다 그저 주어진 일을 열심히 했는데, 남들도 다 그렇지 않을까 하는 생각을 하게 된다.

생각해 보니 영화도 건축영화를 좋아하고, 가족과 여행을 가도 건축물을 찾아서 가 보고, 책은 건축 관련 책을 보고, 주변인들도 거의 건축하는 사람들인 듯하다. 남편도 건축인이다. 모든 순간 건축과 함께했다는 것을 알게 되었다. 만약에 수많은 선택의 순간이 다시 오고 그 기준이 건축이 아니었다면 지금과는 다르게 살고 있지 않을까 한다.

이 글을 읽는 후배님들이 나와 같은 많은 결정의 순간이 올 때 나의 경험이 작은 도움이 되었으면 한다.

## 콘크리트 냄새, 건축의 시작

건축가로서의 꿈을 키웠던 건 중학생 시절이었다. 일자형 초등학교 건물과 달리 중학교동, 고등학교동, 체육관동, 별관동 등으로 규모도 크고 많은 건축물로 이루어져 있었으며, 중학교동과 고등학교동은 브릿지로 연결되는 등 다채로운 교육 공간이었다. 강북에 있다가 1986년에 강남으로 이전한 학교로 87년 입학하였으니 새 건물이었을 것이다.

입학하고 첫 발레 수업을 잊을 수 없다. 중학교동에서 발레 수업을 받으려면, 무용복을 입고 브릿지 하부 공간을 지나 체육관 건물의 지하 1층으로 가야 했고 그 이동 시간은 굉장한 즐거움이었다. 그렇게 교실에서 발레복을 갈아입고, 각 계절을 느끼며 총총 뛰어가면 체육관 지하 1층의 무용실에 도착한다. 처음 도착했을 때의 콘크리트 냄새를 맡은 순간, '아, 건물을 짓는 일을 하고 싶다'라는 생각을 하게 되었던 것 같다.

그 이후 공간을 설계하는 사람은 건축가이며 건축공학을 전공해야 한다는 것을 알게 되어 건축공학과에 진학하기로 결심하였다. 학창 시절 내 꿈은 건축가였다.

## 도대체 건축이 뭔가요?

건축공학과에 진학하고, 건축 전공과목들을 그저 따라가기 바빴던 것 같다. 설계 수업에서는 무엇을 어떻게 해야 하는지 몰라 막막했고, 시공과목이나 구조 과목은 이해하기 어려워 좌절하기도 했다. 그러면서도 다양한 분야에 관심이 많아 연영과의 영화미학 수업, 미대의 미학 수업, 색채학 수업, 독어독문과의 독일문화의 이해 전공 수업을 들으며 호기심을 채우고 조금씩 세상을 넓혀 갔다.

그렇게 4학년이 되고 처음으로 진로에 대해 고민했다. 건축설계가 어떤 일인지, 시공이나 구조가 무엇인지 여전히 잘 모르고, 영화, 색채, 미술 그리고 타 문화권에 대한 호기심만 가득한 건축을 좋아하는 이상한 아이가 처음으로 '무엇을 하면서 먹고살 것인가?'를 고민했던 것이다.

내가 가장 좋아하는 것을 무엇일까? 잘은 모르지만 건축이 아닌가? 그런데 아직도 건축에 대해서는 잘 모른다는 생각에 좀 더 공부하기 위해 대학원 진학을 선택했다. 건축이론 분야의 권위자이신 임석재 교수

건축설계를 진행한 서해수호관에서 현장 협의 모습

님 연구실에서 석사과정을 하면서 많은 가르침을 받았고 건축을 할 수 있는 기초를 마련한 듯하다.

사람도 두 발(foot)로 땅을 딛고 서 있듯, 집은 기초(foot) 위에 서 있다. 그리고 건축적 사고를 할 수 있게 한 나의 건축 기초는 대학원에서 처음 만들어졌다. 그렇게 대학원에서 신나게 건축을 공부했다.

사회에 진출하기 위한 고민은 따로 없었고 당연히 건축사사무소에 입사했다. 처음 회사는 스튜디오 타입의 작은 사무실이었고, 이후 큰 규모의 프로젝트를 하고 싶어 대형설계사무실인 ㈜간삼종합건축사사무소로 옮겨 실무를 쌓았다.

신입부터 팀장이 되기까지 정말 많은 설계공모를 수행했다. 땅이 주어지고 용도가 정해지면 설계안을 제출해야 한다. 제출된 수많은 안 중에 1등을 하면, 비로소 건축물이 지어질 수 있는 건축도면을 작성하는 실시설계를 진행하게 된다. 마감일이 다가올수록 나는 책상 앞에서 누가 시키지 않아도 스스로 끝없는 고민을 거듭했다. 최선의 결과물을 도출하기 위해 끊임없이 설계하고, 또 설계했다. 내가 만든 벽 없는 작고 예쁜 감옥 안에서 오직 좋은 집을 짓기 위해 고민만 하던 시간이었다.

나는 건축적 재능이 있는 직원과는 아니었다. 그저 엉덩이가 무거워 끈질기게 하고 또 하고, 생각하고 또 생각하는 부류의 사람이었다. 그렇게 진심을 다해 건축을 해 왔고, 그렇게 건축인으로 조금씩 성장해 나갔다.

## 새로운 도전, 문을 열다

회사 생활은 매우 만족스러웠지만 시간이 지날수록 소속 건축가가 아닌, 나의 건축을 하고 싶다는 생각을 하게 되었다. 회사를 그만두고 건축사 자격증 공부를 시작했다. 우리나라에서 나의 이름으로 건축을 하기 위해서는 의사 자격증처럼, 건축사 자격증을 가지고 있어야 한다. 그렇게 자격증을 취득하고 나의 사무실 연남건축사사무소를 개소하게 되었다.

이렇게 적으니 일사천리로 진행된 것 같지만, 사실 정말 많은 고민을 하고 수많은 선택을 했다. 건축사자격증을 따서 하나의 문을 여니 정말 많은 문이 내 눈앞에 나타났다. 하나를 선택하면 또 다른 수많은 문들이 다시 나타났고 그때마다 나는 신중하게 선택해야 했다. 그때마다 나의 기준은 언제나 건축이었고, 모르는 것은 꾸준히 알아 나가고 있다.

그렇게 사무실은 자리를 잡게 되었고 이제는 목조건축에 대한 공부를 하고자 이명식 교수님 연구실에서 박사과정을 수행하고 있다. 하나의 문을 열면 수많은 새로운 기회의 문이 또 생긴다. 나는 그렇게 또 다른 문을 열고자 한다.

## 교육을 하고 교육을 받다

"내 인생, 운발 인생!"

내가 평소에 늘 외치는 말이다. 건축에는 진심이고 엉덩이 무겁게 항상 꾸준히 하고 있지만, 내가 생각해도 신기할 정도로 좋은 타이밍에 좋은 사람과 좋은 프로젝트를 해 왔다.

막연히 건축을 가르쳐 보고 싶다는 생각이 있었는데, 대학원을 졸업하면서 설계사무실 입사와 동시에 이루어졌다. 당시 박사과정이셨던 타 학교 교수님께서 색채와 공간을 가르쳐 보지 않겠냐고 제안해 주셔서 강단에 서게 된 것이다.

그 기회를 시작으로 여러 학교에서 건축 관련 이론이나 설계를 강의하게 되었다. 강의 준비를 하면서 건축이론을 더욱 공부하게 되고 또 새로운 트렌드를 익히는 등 끊임없이 발전하고자 노력하였고, 지금은 동국대에서 후배들을 가르치고 있다. 가르친다는 건 참 신기한 것이 나도 공부하고 배워야 한다는 점 때문이다. 그렇게 나는 또 조금씩 성장하고 있다.

그리고 몇 년 전부터는 학교 프로젝트를 많이 진행하고 있다. 대부분의 학교 프로젝트는 사용자 참여라는 방식으로 진행되고 있다. 다시 말해 학교를 사용하는 학생뿐 아니라 선생님, 학부모의 건축 교육을 진행하고, 또 그들의 의견을 수렴하여 학교 설계를 진행하는 것이다. 이러한 프로젝트를 진행하는 동안 교육 현장의 사용 주체들을 만나면서, 공간을 개선해 주고, 건축에 대한 멘토링도 진행하며 많은 보람을 느끼고 있다.

유현준 씨가 건축을 하나의 보편적인 문화로 자리 잡게 노력하고 있음에도 불구하고, 아직까지 건축은 우리나라에서 재산으로서의 개념이 더 강하다는 것을 현장에서 많이 느꼈고, 다양한 건축적 소통을 통해 이 벽을 조금이나마 허물고자 하는 새로운 목표도 생겼다.

## 발전하는 전문가가 되고자 하는 여성공학인에게

공학을 전공하고 전공을 살려 사회에 진출하였고 지금까지 끊임없이 노력하며 지금의 자리에 도달했다. 중학교 1학년 때 처음 건물을 짓고 싶다는 꿈을 꾸었고, 지금 나는 그 꿈을 이룬 운이 좋은 행복한 사람이다. 물론 지나온 모든 과정이 운이 좋고 행복했던 것은 아니지만, 내가 하는 일을 진심으로 사랑하고, 그것만을 바라보며 어려운 난관들을 헤쳐 나온 것 같다. 진부한 이야기지만 진심은 언제나 통한다.

그리고 그 과정에서 혼자만의 노력보다는 '함께'가 중요하다는 것을 알게 되었다. 나에게 주어진 일만 잘하면 된다고 생각했는데, 어려운 일에 봉착했을 때 지혜를 나누어 주는 좋은 사람과 함께하면 더욱 쉽고 즐겁게 난관을 헤쳐 나갈 수 있다는 사실을 알게 된 것이다. 그래서 요즘에는 ㈔한국여성건축가협회를 시작으로 활동의 범위를 넓혀 나가고

(사)한국여성건축가협회 활동

있다. 협회나 단체의 일원이 되어 활동하며 보다 넓은 세상에서 소통하고, 교류하며 앞으로 나아가는 중이다.

발전하는 전문가가 되고자 한다면, 내 분야에서 열심히 진심 어린 마음으로 사회와 소통하자. 조금씩 발전하는 자신을 발견하게 될 것이다.

3부

# 연대

: 도전하며 열어 가는 나의 길

(환경공학, 생명공학, 식품공학)

# 나의 꿈은
# 깨끗한 공기와 푸른 하늘이다

## 김경미
기후에너지환경부 수도권대기환경청 기획과장

충북대학교 공업화학(학사), 연세대학교 환경보건학(석사)을 전공하였고, 1992년에 일반기술직(환경직) 공무원으로 공직에 입문했다. 2017년 환경부 내 전문직 공무원 선발 제도가 도입된 첫해에 전직 시험을 거쳐 환경전문관 및 수석전문관으로 임용된 후 과장으로 승진했으며 환경부 내 운영지원과 인사팀, 화학물질정책과, 교통환경과, 대기환경정책과 고농도미세먼지 대응 상황실, 대기미래전략과, 대통령 직속 국민대통합위원회 등에서 근무했다. 현재 수도권의 대기환경 관리를 총괄하는 기후에너지환경부 수도권대기환경청 기획과장으로 근무 중이다. 복싱, 마라톤, 스킨스쿠버, 탁구, 볼링, 인라인스케이팅, 등산을 즐기는 스포츠 마니아이다.

## 나의 현재, 푸른 하늘을 지키는 최전선에서!

2024년 4월부터 경기도 안산시에 자리한 수도권대기환경청에서 근무하고 있다. 수도권대기환경청은 2005년 1월 개청 이후 20주년을 맞이한 기관으로, 개청 당시 OECD 회원국 중 최하위권의 심각한 대기오염에 직면했던 수도권 공기를 되살리기 위해 설립되었다. 당시 멕시코시티보다 미세먼지가 1.4배, 이산화질소는 1.3배 높았을 정도로 심각했던 문제를 해결하기 위해 방대한 수도권 대기 개선 특별대책을 전담하여 추진해 오고 있다.

## 반드시 성공해야만 했던 정책,
## 이를 가능케 한 원동력은 오직 사람

'한 송이 국화꽃을 피우기 위해 봄부터 소쩍새는 그렇게 울었나 보다'라는 말처럼, 나에게도 힘들었던 시기가 있었다. 규제정책으로 산업계의 거센 저항과 끝없는 민원 등 깨끗한 공기와 푸른 하늘을 위해 반드시 성공해야만 하는 정책이지만 도입 과정은 결코 쉽지 않았다.

이 시기에 마치 커리어 스모그(Smog)처럼 막막했던 상황에서 스스로 "나 혼자가 아니야, 해낼 수 있어"라는 다짐만을 마음에 그리면서 힘든 마음을 다잡기도 했다.

"혼자 할 수 있는 일은 적지만 함께라면 많은 일을 할 수 있다"라는 헬렌 켈러의 말처럼 지나 보니 수많은 상사, 동료, 후배 등 많은 분들과의 협업으로 훌륭한 성과를 달성하였다. 특히 보람이 있었던 아래 정책 3개를 만들면서 어떤 힘든 일이라도 서로를 격려하면서 이해해 주고 공동의 목표를 위해 노력하는 분들이 내 주위에 많이 계셔서 함께 역경을 극복하고 목표를 성취할 수 있다는 자신감을 가질 수 있었다.

• 한국형 오토-오일 정책

　정부과천청사 환경부 인사팀에서 일하던 시절, 순환보직으로 자동차 연료 정책 업무를 맡았다. 새로운 도전이었기에 빠른 업무 적응과 전문가 협력이 절실했고, 나는 부처 내에 '오토-오일 CoP(Community of Practice)'라는 연구(자동차의 온실가스와 대기오염을 줄이는 방안을 연구) 모임을 직접 만들어 운영을 주도했다. 이를 통하여 정부, 자동차·정유업계, 그리고 전문가들이 함께 협력 체계를 구축하여 '한국형 오토-오일 사업'이 순조롭게 진행되도록 했다.

　그 당시를 돌이켜 보면 넘치는 열정만으로 참 무모하게 뛰어들었던 것 같다. 자율학습 조직인 CoP가 무엇인지, 어떻게 운영해야 하는지, 누구와 함께해야 할지 전혀 모른 채 오직 '한국형 오토-오일 사업' 성공만을 꿈꿨었다.

　하지만 시간이 지나고 시행착오를 겪으면서 날이 갈수록 길이 보이기 시작했다. 밤낮없이 동료들과 함께 고민하며 지혜를 모으고, 동시에 전문가들과의 협업과 기술지원으로 불가능할 것 같았던 거대한 프로젝트를 성공하였다.

• 배출가스 5등급 차량 운행제한 정책

　초미세먼지가 사회적 쟁점으로 떠오르면서, 2018년 관계 부처 합동으로 '비상·상시 미세먼지 관리 강화대책'을 발표했다. 이 대책의 핵심은 '배출가스 5등급 차량 운행제한' 정책이었다. 여기서 배출가스 5등급 차량이란 대부분 2005년 이전에 제작된, 유로3(Euro-3) 이전 기준을 적용받는 노후 경유차를 말한다.

2019년 6월, 전국의 해당 차량을 1등급부터 5등급까지 분류하는 작업을 시작했다. 동시에 배출가스 등급 시스템, 운행제한 단속 시스템, 데이터베이스 구축 등 방대한 업무를 진행하였다. 조기 폐차 지원금을 받아도 새 차 구입이 어려웠던 차주들의 항의 전화가 빗발쳐 사무실 전화는 그야말로 마비될 정도였고, 내가 맡은 정책이었지만 부서원 전체가 민원에 시달려야만 했다.

하루하루가 힘든 날이었지만 상사분들의 나에 대한 신뢰, 동료들의 응원과 도움 덕분에 무사히 정책을 수립하여 시행했다. 그 결과 노후 자동차로 인한 미세먼지를 크게 저감하는 데 기여하였다. 항상 역경을 극복할 때마다 나를 믿어 주고 지지해 주는 상사, 동료, 부하직원이 나의 힘의 원천이며, 내 직업의 멘토라는 믿음을 확인하는 계기가 되었다.

• 전기차 충전기 보급정책

2024년 4월, 수도권대기환경청으로 오기 전 환경부에서 맡았던 마지막 업무는 전기차 충전기 보급정책이었다.

이 업무를 처음 맡았을 때에는 모든 것이 쉽지 않았다. 환경 분야 전문직 공무원이었으나, 전기차에 대한 전문지식이 필요했기 때문에 한국전기차사용자협회, 한국전기연구원, 충전업계, 대학 등 수많은 전문가들의 도움을 받았다. 한번 맺은 인연을 항상 소중히 하고 정책

이해관계자의 의견에 귀를 기울였던 인간관계가 빛을 발하는 순간이었다.

전기차 충전기 보급정책을 담당하는 동안 일주일에 3~5일씩 출장을 다닌 탓에 절대적인 시간 부족으로 자연스럽게 새벽형 인간이 되었다. 새벽 4시에 일어나 5시쯤이면 사무실에 도착해 밀린 업무를 처리했고, 9시부터는 쉴 새 없이 회의와 출장 업무를 소화해야 했다. 그때 함께 고생했던 전문가이셨던 어느 대학교의 교수님께서 "과장님, 수도권대기환경청에서 가셔서도 잔다르크처럼 일하고 계십니까?"라고 하신 말씀에 미소가 지어진다.

## 역경 속에서 피어난 값진 선물들

지나온 과거를 보면 국가라는 거대한 조직과 시스템 속에서 입직, 직무, 성과, 성장, 학습, 공유, 과정, 헌신, 갈등의 기회 등 모든 것이 가슴 벅찬 순간이자 내 일생의 중요한 순간으로 남았다.

결과적으로 평상시 상대방의 말에 귀 기울이고 소중히 대하는 나의 태도와 노력이 내가 도움을 필요로 할 때 그들의 적극적인 도움으로 돌아왔고, 마침내는 영광된 결과물을 만들었다. 어렵고 고단한 업무들이었지만 나는 스스로 감사하고 만족하며 일했다.

아울러, 이러한 나의 노력은 내게 생각지도 못한 값진 선물들을 안겨 주었다. 개인적인 주요 수상으로는 국무총리표창, 환경부장관표창 4회, 환경부장관상 3회, 국가경쟁력강화위원회 위원장 표창, 적극행정인상, 규제개선 우수공무원상, 전화친절도 최우수 공무원상 등을 받앉고 내가 근무했던 조직은 안전한국훈련 우수 대통령표창, 전국공무원 최우수 CoP(학습동아리 구성) 선정 국무총리상, 정부혁신 우수사례 선정 국무총리상, 적극행정 우수사례 선정 인사혁신처장상 등을 수상했다.

규제개혁 우수공무원 시상식(2010)

적극행정인 시상식(2020)과 대통령표창(2022)

## 나의 꿈은 깨끗한 공기와 푸른 하늘이다

나의 커리어 키워드는 '환경', '화학', '대기', '보건'이며 환경부 내 행정, 기술 분야의 커리어 패스(Path)를 통해 일생의 꿈인 '깨끗한 공기와 푸른 하늘'을 위해 커리어 브랜드를 만들어 왔다.

분명한 목표는 장애물을 뛰어넘는다는 말이 있듯이 지난 34년간의 공직 생활을 돌아보면, 해결하고자 하는 목표가 명확할 때 도전하는 것에 두려움이 없었던 것 같다. 시작이 가장 어렵지만 일단 첫발을 떼는 것이 중요하다고 생각한다. 일단 부딪히다 보면 반드시 주변에서 도움의 손길을 내미는 사람들이 나타나기 마련이다. 물론, 번거롭고 힘든 일도 많았지만 국민을 위한 공공정책을 추진하는 공무원으로서 이는 당연한 소명이라는 긍정적인 마음으로 살아왔다.

일하면서 느낀 점은, 진로와 직업 선택에서 무엇보다 중요한 것은 내 삶을 주체적으로 인식하고 일과 사람을 존중하는 태도라는 것이다. 국가와 국민이 있고 정책의 수요자가 있어서 공직자와 공직자로서 해야 할 일이 존재한다는 기본적인 생각으로 직무를 수행해 왔다. 이제 원고를 마무리하며 다시 다짐한다.

'나의 꿈은 깨끗한 공기와 푸른 하늘이다!'

이 꿈을 34년간 꾸준히 갖게 해 준 기후에너지환경부 조직과 저와 함께한 모든 분들께 깊은 존경과 감사의 말씀을 드립니다.

# 추격하는 제자에 앞서 도망가는 스승

### 조경숙
이화여자대학교 환경공학과 교수

이화여자대학교 생명과학과에서 학사 학위를, 일본 동경공업대학 화학환경공학 전공으로 박사 학위를 취득하였다. 1994년부터 이화여자대학교 환경공학과 교수로 재직 중이며, 30년 이상 환경생물공학 분야를 연구해 왔고, 메탄과 악취를 동시에 저감하는 기술을 세계 최초로 개발하여 다국적 특허 및 기술이전 성과를 거두었다. 재직 중 SCI 논문 180여 편, 특허 60여 건을 발표 및 등록하였고, 2022년에는 교육 부문 여성공학인대상(산업통상자원부장관상)을 수상하였다. 현재는 생활과학교실 운영, 여학생 이공계 진로 멘토링, 국제개발협력 과학기술 자문 등 다양한 현장에서 과학공학문화 확산과 여성공학인 양성에 힘쓰고 있다.

## 가르치고 배우는 삶, 그 끝없는 순환

2024년은 푸른 용의 해였다. 나는 나의 세 번째 스무 살을 맞이했고, 강산이 여섯 번이나 변한 시간 속에서 지구라는 행성, 아시아 대륙, 대한민국이라는 나라에서 살아왔다. 그 긴 시간 동안 나는 늘 '배우거나 가르치는' 삶을 살고 있었다. 가정에서도, 학교에서도, 연구실에서도, 지역 사회에서도, 그리고 오늘 이 글을 쓰는 이 순간까지도.

아리스토텔레스는 "배우는 일은 끝이 없고 가르치는 일 또한 끝이 없다"고 하였고, 조셉 쥬베르는 "가르친다는 것은 두 번 배우는 것이다"라고 했다. 나에게 '가르친다'는 일은 단지 정보를 전달하는 것을 넘어, 스스로 다시 배우고 성찰하며 성장하는 과정이었다. 그리고 이 긴 여정은 '수학 친구 선생'이라는 별명으로부터 시작되었다.

## 수학의 문을 열어 준 선생님, 그리고 나의 첫 제자들

나는 머리가 늦게 트인 아이였다. 초등학교 1학년 때는 학교에 다녀오면 매일 울었다. 수업 내용은 어려웠고 친구들과 어울리는 것도 힘들었다.

초등학교 2학년 때, 어머니는 담임 선생님께 특별히 부탁해 나를 반에서 가장 똑똑한 친구 옆에 앉게 해 주셨다. 그리고 선생님은 시험 시간에 내가 짝꿍의 답을 베끼는 것도 모른 척 눈감아 주셨다. 나는 기회를 놓치지 않고 열심히 친구 시험지를 베껴 썼고 덕분에 정답도 따라 썼다. 하지만 문제는 이름까지 그대로 옮겨 적었다는 것. 시험지에 또박또박 써진 'ㅇㅇㅇ'이라는 짝꿍 이름이 그대로 제출되었다.

그 일이 있고 나서도 나는 한동안 수업을 따라가는 데 애를 먹었다. 그러던 중 어느 날 문득 한글의 자음과 모음이 결합해 음절을 이룬다는 원리를 깨달았다. 기적 같았다. 이전까지는 한 글자 한 글자 그림처럼 외워야 했던 글자들이 이제는 체계적으로 보이기 시작했다. 숫자 역시 마찬가지였다. 덧셈과 뺄셈이 익숙해지고 나니 수학이 점점 재미있어졌다.

초등학교 4학년이 되던 해, 이사를 하면서 새로운 학교로 전학을 가게 되었다. 나에게는 그것이 일종의 '신분 세탁'의 기회였다. 새 학교에서는 나를 학습부진아로 기억하는 이가 없었고, 나는 그곳에서 다시 시작할 수 있었다. 5학년이 되면서 모범생 그룹에 들었고, 6학년이 되자 친구들이 나에게 '공부 비법'을 물어 오기도 했다.

중학교에 진학한 후 첫 중간고사. 담임 선생님께서 시험이 끝난 후, "이번 중간고사 우리 반 1등은 얌전한 꼬맹이 경숙이야, 모두 축하해 주렴!" 하셨다. 나는 깜짝 놀랐다. '내가 1등이라고?' 하지만 그것은 착오였다. 실제로는 나보다 점수가 높은 학생이 있었다. 잘못된 발표였지만, 그날 선생님의 한마디는 나에게 '다음번에는 진짜 1등을 해 보자'는 동기를 심어 주었다.

그 선생님은 수학을 가르치셨고, 내 인생에서 가장 중요한 교사 중 한 분이었다. "여자는 수학을 못 해"라는 내 안의 편견을 완전히 깨뜨려 주셨다. 선생님의 판서는 명화처럼 아름다웠고, 문제 풀이 과정은 마치 영화를 보는 듯 흥미진진했다. 나는 그 수업을 기다리게 되었고, 수학이 너무 좋아 매일 연습장 가득 문제를 풀었다. 그리고 어느 순간, 나는 친구들의 수학 선생이 되어 있었다.

중학교 시절의 나는 '가르치는 일'이 이렇게 즐거운 줄 몰랐다. 친구들이 수학 문제를 가져오면 함께 고민했고, 이해할 때까지 설명해 주었다. 그 시절의 나는 배움과 가르침의 기쁨 속에서 진심으로 웃고 있었다.

그러나 고등학교에 진학하며 이과반을 선택했을 때 상황은 달라졌다. 그곳에는 진짜 '수학 천재들'이 있었다. 나는 노력했지만 그들의 세상에 들어갈 수 없었고 어느 순간 수학은 더 이상 기쁨이 아니게 되었다. 자연스럽게 친구들의 수학 선생도 그만두게 되었다.

## 밤하늘을 밝힌 야학의 별

수학의 문이 닫히자, 나는 다른 문을 두드리게 되었다. 이번에는 '의학'이었다. 흰 가운을 입은 의사가 막연히 멋져 보였고, 생명을 다루는 직업에 대한 존경심도 있었다. 하지만 현실은 '지방대 의대'냐 '서울권 일반대학'이냐의 선택지 앞에서 부모님의 설득에 따라 서울의 종합대학 생물학과로 진학하였고 그것이 내 전공의 시작이었다.

그러나 생물학은 내 선택이 아니었기에 애정이 생기지 않았다. 그 공허함을 채워 준 것이 바로 '야학(夜學)'이었다. 처음에는 초등과정 검정고시를 준비하는 반에서 선생님을 하였다. 그러나 수업보다는 오히려 학생을 찾아다니는 시간이 더 많았다. 가내수공업 공장에서 일하던 청소년, 가정부로 일하는 여학생을 설득해 다시 야학에 오게 하고, 검정고시 합격 후에도 희망이 없다는 학생을 다독이며 학업을 지속하게 설득하는 시간들이 수업 시간보다 훨씬 많았다.

그러다 결국 부모님의 성화로 잠시 야학을 접었지만, 고등학교 검정고시 대비반에서는 더 체계적인 교육 환경 속에서 몰래 다시 활동을 시작했다. 나의 대학 생활에서 가장 우선순위는 야학이었다. 그만큼 나는 열과 성을 다했고 행복하였다. 만일 다시 되돌아간다 해도 나는 야학 선생을 할 것이다. 그런데, 사실 대학생인 나의 본분은 학업이었다. 나는 야학을 핑계로 학업에 소홀히 하였다. 가장 후회되는 점이다.

## 교수 30년, 제자라는 거울을 통해 배우는 사람

대학교 4학년 생태학 수업을 통해 환경공학을 알게 되었고, 환경공학을 공부하고 싶어 일본 유학을 결정하였다. 당시에는 일본 유학을 위해서는 일본어 자격시험에 합격해야 했다. 1년 동안 일본어만 공부해서 자격시험에 통과하여 석사과정으로 유학을 가게 되었다.

석사과정 연구실은 연구실 개실 이후, 교수님, 박사과정생, 석사과정생, 학부 인턴 학생들 모두 포함하여 내가 유일한 여학생이었다. 연구실 남학생들에게 나는 매우 불편한 여자이자 외국인이었다. 그들의 불편함은 때로는 과잉 친절로, 때로는 무관심으로, 때로는 차별로 표현되었다. 하지만 나에게는 특유의 긍정심, 선택적 둔감함과 망각이 있었다. 그들의 과잉 친절함은 나의 유학 생활을 풍요롭게 했고, 나는 그들의 무관심과 차별에는 둔감하거나 쉽게 잊어버렸다. 그래서 잘 적응하였고, 교수님들과 동료들의 신뢰를 얻었고 연구실 생활은 나름 즐거웠다.

박사과정 연구실도 교수님을 비롯하여 남학생이 대다수이고 여학생이 극소수이었다. 석사과정에서 일본의 남성 문화에 익숙해진 나에게 박사과정 연구실의 성별 불균형은 전혀 문제가 되지 않았다. 가장 큰 관심사는 연구실에 가장 먼저 오고, 가장 늦게 나가는 것이었다. 이를 성취했을 때 기쁨을 느꼈고, 그 기쁨이 다시 이를 성취하기 위한 노력으로 이어졌다. 이러한 성취와 노력은 좋은 연구 성과로 이어졌다.

수도선부(水到船浮), 물이 차오르면 배가 자연스럽게 뜨는 것처럼, 준비된 자에게 기회가 찾아온다. 1994년, 나는 모교 이화여자대학교의 교수로 임용되었다. 새로 신설된 환경과학과(현 환경공학과)의 첫 번째 부임교수로서, 나는 아직 정리되지 않은 연구실을 꾸리고, 교육과 연구 시스템을 만들어 가는 일부터 시작했다. 당시에는 모든 것이 낯설고 버거웠지만, "모교 출신이면 정성을 다해 학생들을 가르칠 것"이라는 선배 교수님들의 믿음을 생각하며 스스로를 다잡았다.

올해로 30년. 긴 세월 동안 나는 수많은 제자들을 가르쳤고, 또 그들로부터 셀 수 없이 많은 것을 배웠다. 때로는 실험이 뜻대로 되지 않아 좌절한 연구실 학생과 밤늦도록 이야기를 나눴고, 때로는 진로 고민으로 눈물 흘리는 졸업생을 품에 안고 위로해 주기도 했다. 그들과 함께 웃고 울며, 나는 '가르치는 사람이 가장 먼저 배워야 한다'는 진리를 깨달았다. 30년 근속 표창장을 받는 자리에서 나는 스스로에게 물었다.

"나는 정말 여성 환경공학 인재 양성을 위해 최선을 다했는가?"

솔직히 말하면, 매일 닥쳐오는 일들을 수습하고, 하기 싫지만 꼭 해야만 하는 일들을 해치우느라 그 질문에 제대로 답하지 못할 때가 많았다. 그러나 분명한 것은, 지금도 나는 배우고 있고, 가르치고 있으며, 이 삶이 감사하다는 것이다.

나는 자주 제자들에게 이야기한다. "선생이 학생을 변화시키는 것이 아니라, 학생이 선생을 변화시킨다"고. 제자들은 나에게 거울이었다. 내가 부족한 부분을 비추고, 내가 놓친 것을 깨닫게 해 주었다. 그들의 성장은 나의 성찰이었고, 그들의 도전은 나의 에너지원이었다.

## 과학공학을 나누는 즐거움 – 학교 밖 선생의 길

　대학생 때 대학 밖 교육인 야학 활동을 한 것과 같이, 대학교수인 나에게 학교 밖 과학공학교육 활동이 운명처럼 다가왔다. 나는 'WISE'라는 여성 이공계 진출 지원 사업의 멘토로 활동하게 되었고, 그 과정에서 영등포구 생활과학교실을 운영하시던 이혜숙 센터장님을 알게 되었다. 그분의 추천으로 2005년부터 생활과학교실 책임교수를 맡게 되었고, 서울시와 파주시 지역을 중심으로 활동을 이어 오고 있다.

　생활과학교실은 과학기술을 생활 속에서 쉽게 접하고 체험할 수 있도록 하는 지역 기반 과학문화 확산 프로그램이다. 그동안 나는 초중고 여학생뿐 아니라 어르신, 경력 단절 여성, 장애인, 다문화 가정의 자녀들까지 다양한 대상자를 위한 교육 프로그램을 운영하고 있다. 특히 다문화 가정을 위한 프로그램은 언어적 장벽을 해소하기 위해 베트남어·중국어·영어로 번역된 교재를 제작해 온라인 수업으로 제공하고 있고, 경증 지적장애인을 위한 맞춤형 특수교육과학 콘텐츠를 개발하여 지역 복지관과 연계해 운영하고 있다.

　이 과정은 단순한 교육 활동 그 이상이었다. 나 자신이 배워야 할 지식도 많았고, 새로운 교수법과 첨단 기자재를 익히는 데 많은 시간과 노력이 필요했다. 그러나 그 모든 과정은 '이해받는 것'과 '배우는 기쁨'이라는 상호작용 속에서 이루어졌다. 가르침은 나의 성장을 위한 가장 유의미한 발판이었다.

## 도망가는 스승으로 남기 위해

나는 여전히 배우고 싶다. 여전히 가르치고 싶다. 삶이 허락하는 한, 배우고 가르치고 또 배우는 순환 속에서 살아가고 싶다. 그리고 내가 만난 제자들에게 다음과 같은 스승이 되고 싶다. "추격하는 제자에 앞서 도망가는 스승." 제자에게 잡아먹히기 전에, 우주 끝으로 가볍게 달려 나가는 스승 말이다.

### 스승

― 박노해

세상 직분 중에 으뜸은 사람 농사다.

(중략)

나이 들수록 간소하고 단순하게,
버리고 비우고 작아지고 날렵해져,
제자에게 잡아먹히기 전,
저 아득한 우주의 아가리로 몸 던져,
꽃씨처럼 표표히 사라지는 자.

이 시의 마지막 구절처럼, 나 역시 언젠가는 꽃씨처럼 사라지고 싶다. 그러나 그날이 오기 전까지, 나는 제자들에게 도망가며 길을 보여주는 스승이고 싶다. 가르침은 나의 사명이며, 배움은 나의 삶이다. 그 순환의 길 위에서, 나는 오늘도 새로운 길을 향해 달려간다.

2007년 이달의 과학문화인상 수상(가족들과 함께)

2022년 여성공학인대상(교육 부문) 수상

이화여대 환경생물공학연구실 대학원생들과 함께

이화여대 사회봉사학생팀 캄보디아 교육봉사

# 세상을 바꾸는
# 여성엔지니어로서의 여정

권민희
㈜대양환경기술 연구소장

한중대학교 보건환경학과를 졸업하고, 강릉원주대학교 생명화학공학과에서 석사 학위를 취득하였다. 현재 ㈜대양환경기술 기업부설연구소 연구소장 및 환경시험기관 기술책임자로 재직 중이며, 환경 분야 연구 개발과 환경분석 전반을 총괄하고 있다. 또한, 가톨릭관동대학교 지속가능환경학과에서 박사과정을 수료하고, 학위 논문을 준비 중이다. 한편, 여성공학기술인으로서 필요한 공학 능력을 습득하여, 지속적인 학문적 성장과 전문성 강화를 통해 환경 연구 분야에서 활약할 수 있는 전문 여성엔지니어로 도약하고자 노력하고 있다.

## 작은 관찰력에서 시작된 큰 꿈

세상을 바꾸는 여성엔지니어라는 거대한 담론 앞에서 감히 나의 이야기를 꺼내는 것이 한편으로는 두렵고, 또 한편으로는 설렘으로 다가온다. 나는 인천광역시에서 1남 1녀 중 장녀로 태어나서 초등학교 들어가기 전 강원도로 이사 왔다. 아버지, 어머니, 남동생과 함께하는 우리 가족은 특별할 것 없어 보일 수도 있지만, 서로를 존중하고 아끼며 살아온 평범하지만 행복한 가정이었다.

나는 아주 어린 시절부터 관찰력이 남달랐다고 한다. 세 살 무렵부터 그 조그만 어린아이가 신발을 단 한 번도 흐트러지게 벗지 않았던 모습을 엄마는 지금도 신기해하며 종종 이야기하신다. 나는 기억나지 않지만, 아마도 그때부터 '사물에 대한 관찰'과 '질서에 대한 민감함'이 나의 내면 깊이 자리 잡았는지도 모르겠다.

초등학교 시절에는 손재주가 좋다는 말을 자주 들었고, 미술에 재능이 있다는 평가를 받으며 여러 미술 대회에서 수상하기도 했다. 손을 이용하는 창의성과 표현력은 내 안에서 자연스럽게 자라났고 그 관심은 점차 과학으로 확장되었다. 중고등학교 시절에는 과학실험 동아리 활동에 적극 참여하면서 실험과 분석의 즐거움을 경험했고, 이때부터 과학과 환경에 대한 관심이 조금씩 구체화되기 시작한 것 같다.

이러한 어린 시절의 경험들은 현재의 나를 구성하는 중요한 뿌리가 되었다. '작은 것에 대한 관심'과 '꾸준함'은 지금도 내 일상의 삶과 연구의 중심에 자리하고 있다.

## 배움의 여정: 대학(대학원) 시절 나를 완성한 경험들

서울 소재 모 여대 자연과학부에 합격했지만, 부모님의 권유로 4년 전액 등록금 면제로 살고 있는 지역 대학으로 진로를 바꾸었다. 대학 입학 첫날, 모든 것이 새롭고 낯설었다. 꿈과 목표는 있었지만 어디서부터 시작해야 할지 알지 못했다. 하지만 그 시작이 내 인생에서 얼마나 중요한 전환점이 될지 그때는 몰랐다.

대학에 입학하자마자 교수님 연구실에 들어가 연구원으로 활동을 시작했다. 그 첫 번째 연구 프로젝트는 '동해안 권역의 지속 가능한 에코투어리즘(eco-tourism) 발전 방안과 세계화 전략'에 대한 것이었다. 강원도 동해안의 자연환경, 생활환경, 사회경제적 환경에 대해 조사하는 일을 맡으며, 연구의 내용보다는 연구에 접근하는 방법에 대해 많은 것을 배웠다. 문제를 정의하고, 자료를 수집하고, 결과를 분석하는 과정 속에서 연구가 단순히 정보를 모으는 일이 아니라 문제 해결을 위한 끊임없는 탐구라는 것을 깨달았다.

대학 시절은 학문적 배움에만 의미를 두는 시절만은 아니었다. 2008년 강원중기청장배 중소벤처 창업경진대회에 창업동아리 ChemWave의 일원으로 참가하여 새로운 도전에 대한 끈기를 배웠다. 발열소재 개발이라는 주제로 발표를 하며 창업과 기술 혁신이 어떻게 연결될 수 있는지 진지하게 고민할 수 있었다. 그 경험은 단지 '최우수상 수상'이라는 성과를 넘어 나의 미래에 대한 시야를 넓혀 주는 기회가 되었다.

또한, 강원도 자매도시인 일본 돗토리시에서 열린 한일 여성 우호 교류사업에 강원도 대학생 대표로 참여하였다. 일본 학생들과 함께 워크숍 진행, 분과회의 참여, 돗토리시의 다양한 문화 체험 활동을 통해 나는 언어와 문화의 장벽을 넘어 국제적인 우정과 협력의 중요성을 깨달았다.

대학 4년 동안 다양한 연구와 사회 활동 경험을 통해 조금씩 성장하고 있었다. 졸업할 때 나는 학과 수석으로 총장 표창장과 동해시의회 의장상을 수상했다. 하지만 그보다 더 중요한 것은 내가 그 과정에서 얼마나 많은 것들을 배우고 성장했는지였다. 학문적인 지식뿐만 아니라 사람들과의 관계, 그리고 사회적 책임을 어떻게 다할 것인지에 대한 깊은 성찰이 내 안에 자리 잡았다. 그 경험들이 오늘의 나를 만들었고, 앞으로 나아갈 길에 큰 밑거름이 되었다.

대학 시절의 다양한 경험에도 불구하고 학문에 대한 갈증을 느껴 대학원 진학을 결심했다. 지구온난화와 화석연료의 고갈이라는 문제의식에 '광생물 반응기에서 배양한 미세조류로부터 고효율 바이오디젤 생산 공정 개발'이라는 주제로 석사 학위를 취득하였다. 그리고 국내외 학술대회에서 논문 발표를 하였으며, 연구 결과를 학술지에 게재하는 등 과학적 접근 방법에 대한 이해와 연구자로서 연구에 임하는 자세를 정립하는 계기가 되었다.

## 환경을 지키는 기술 개발, 지속 가능한 미래를 향한 사회적 책임

한때 나는 환경에 대해 그저 추상적인 개념으로만 생각했다. 하지만 어느 날 그 추상적인 개념이 ㈜대양환경기술이라는 환경기업에서 현실적인 도전으로 다가왔다. 연구소장과 환경시험기관 기술책임자로서의 역할을 맡게 되면서 단순히 환경 문제를 해결하는 기술을 개발하는 것만으로는 충분하지 않다는 것을 깨달았다. 그 과정에서 정량(정성)시험과 정확한 데이터 분석과 해석이 얼마나 중요한지, 그리고 기술이 실제 처리현장에서 어떻게 작동하는지를 면밀히 피드백하는 것이 필수적임을 알게 되었다.

업무의 중요한 부분 중 하나는 환경시험이다. 나는 우리 회사가 관리하고 있는 하폐수처리시설의 정도관리 기술책임자로서 다양한 수질환경시험을 총괄하며, 그 결과에 따라 기술을 보완하거나 개선해야 했다. 하지만 시험을 진행하면서 정확한 데이터가 없으면 그 어떤 기술도 실제 효과를 거둘 수 없다는 사실을 깨달았다.

환경시험은 그저 수치를 맞추는 작업이 아니라 환경에 미치는 영향을 정확히 파악하고 이를 개선하기 위한 중요한 단계를 의미했다. 시험을 통해 얻은 데이터를 통해 하폐수처리시설의 운영 관리를 어떤 방식으로 할 것이며, 방류수 수질의 법적 기준을 준수하고 자연환경을 얼마나 잘 보호할 수 있는지를 결정짓는 열쇠였다.

연구소에서 기술을 개발하고 시험을 거친 후 나는 점점 더 기업의 사회적 책임에 대해 고민하게 되었다. 환경을 보호하는 일은 단순히 기술을 잘 만드는 것만으로 끝나는 일이 아니었다. 우리는 사회적 책임을 다해야 했고 그 책임이 바로 지속 가능한 미래를 만드는 데 기여하는 일이었다.

㈜대양환경기술은 '환경보전에 대한 경영층의 공적 마인드'가 앞서는 친환경 기업 이념을 실현하겠다는 오너의 마인드를 뿌리에 두고, 환경을 보호하고 지속 가능한 발전을 이루기 위한 길을 찾고 있었다. 나는 환경기술 개발을 통해 더 나은 세상을 만들기 위한 여정에 동참하고 있

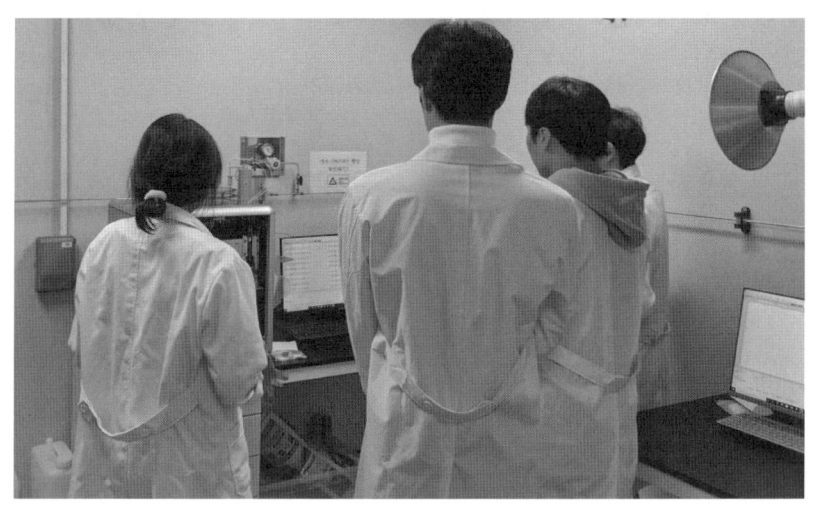

연구실의 일상: 탐구와 혁신의 현장

다는 사실에 큰 자부심을 느꼈다. 기업이 환경을 지키는 일에 앞장서야 한다는 생각은 내게 큰 동기 부여가 되었다. 내가 하는 일이 단지 기술 개발에 그치는 것이 아니라 환경 보호에 실질적인 영향을 미친다는 점에서 나는 더 큰 책임감을 느꼈다.

이제, 나는 기업에서 연구소장으로서의 역할을 넘어 환경 보호를 위한 더 큰 그림을 그리며 하루하루를 여성공학인으로서 살아가고 있다. 내가 맡은 일은 단지 기술을 개발하는 것만이 아니라, 환경을 지키는 길을 계속해서 열어 가는 일이다. 그 길 위에서, 나는 여전히 배우고, 성장하고 있다. 미래 세대에게 더 나은 환경을 물려줄 수 있도록 노력한다는 데 큰 보람을 느끼며 오늘도 연구실에서 환경을 지키기 위한 기술 개발에 몰두하고 있다.

## 1인 3역, 세 갈래 길을 걷는 여성! 오늘도 그 길을 완주하다

"회사, 가정, 학교… 어떻게 그걸 다 해내세요?"

이 질문을 받을 때마다 나는 잠시 말을 고른다. 솔직히 말하면, 나도 내가 어떻게 해내고 있는지 잘 모르겠기 때문이다. 하루는 이렇게 시작된다. 아직 해도 뜨지 않은 시각, 아이의 어린이집 준비, 출근 준비를 하며 하루가 벌써 절반은 지나간 듯한 피로가 밀려온다.

회사에서는 또 다른 나로 살아야 한다. 업무를 주도하고 회의를 주재하고 결과를 내야 한다. '워킹맘'이라는 이유로 배려해 주는 건 아무것도 없다. 오히려 더 철저해야 한다. 누군가의 선입견을 깰 수 있는 유일한 방법은 '일의 성과와 결과'라는 걸 나는 이미 수없이 겪으며 배웠다.

하지만 하루의 끝이라고 생각한 그 시간 나에게는 또 하나의 정체성이 남아 있다, 박사과정 연구자. 밤 10시 아이가 잠든 조용한 집안에서 노트북을 펼친다. 논문을 읽고 데이터를 정리한다. 눈이 시리도록 졸리고 뇌가 멈춘 듯 멍해지기도 한다. 그럼에도 다시 한 줄, 한 페이지, 한 개념을 정리해 낸다.

'왜 이렇게까지 해야 하는 걸까?'

이 질문이 머리를 스칠 때마다 나는 내 안의 목소리에 귀 기울인다.

'삶은 기다려 주지 않으니까. 내 시간이 그냥 흘러가도록 둘 수 없으니까.'

나는 완벽하지 않다. 아이의 발열에 갑자기 연차를 내야 할 때도 있고, 박사과정 수업에 지각한 날도 있었다. 회의 중에 어린이집에서 온 전화를 받으며 속으로 수천 가지 죄책감과 선택의 무게를 동시에 안기도 한다. 그러나 그럼에도 불구하고 나는 오늘도 내 삶의 세 갈래 길을

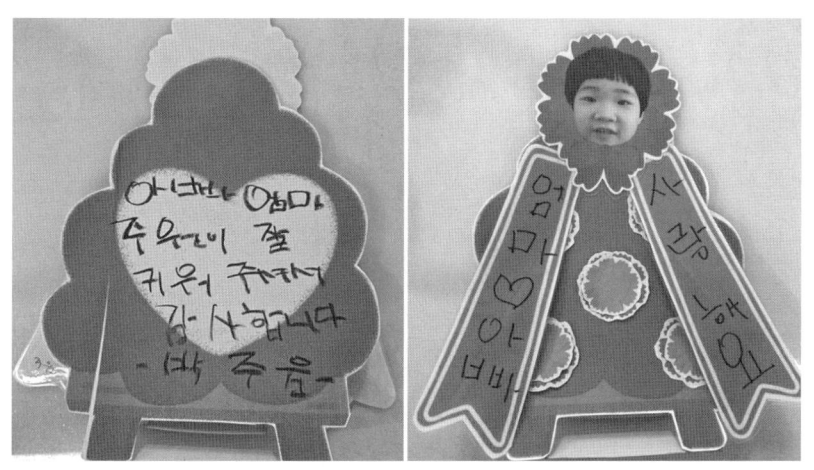

워킹맘, 바로 이 순간이 살아가는 이유

걷고 있다.

육아는 나를 부드럽게 하고 일은 나를 단단하게 하며, 학문은 나를 깊게 만든다. 그렇게 나는 하나의 이름으로 세 가지 삶을 살아 내고 있다. 세상은 아직 이런 여정에 충분히 너그럽지 않다. 그래서 우리는 더 자주 이야기해야 한다. 지금 이 순간에도 수많은 여성공학기술인들이 나와 같은 이런 하루를 견디고 있다는 것을. 그리고 그들이 얼마나 강하고 멋진지를.

나는 오늘도 해냈다. 그리고 내일도, 해낼 것이다.

# 상상에서 현실로,
# 나의 도전과 성장의 기록

## 탁유경
### 옐로시스 주식회사 대표이사

서울대학교에서 나노입자 기반 고감도 이미징 연구로 박사 학위를 받고 조기 진단과 약리 효능·독성 평가에 대한 전문성을 쌓았다. 이후 한국기초과학지원연구원과 삼성전자 의료기기 혈액 진단 연구원을 거치며 연구의 고도화부터 제품화까지의 전 과정을 경험했다. C-Lab에서 창업하여 현재는 옐로시스 주식회사 대표로 재직하며, 소변 기반 스마트 토일렛과 연계 데이터로 가정 내 건강관리 솔루션을 산업화하는 데 힘쓰고 있다. 더불어 미래 여성엔지니어들의 성장을 돕기 위한 멘토링에 적극적으로 참여하고 있다.

## 작은 도전, 큰 성취 - 경험을 통해 쌓아 온 성장의 발자취

저는 어렸을 적부터 적극적이기보다는 소극적인 성향을 가지고 있었지만, 언제나 다양한 주제의 주변 이야기를 듣는 것을 좋아했고, 직접 경험하며 그 가치를 몸으로 느끼는 것을 중요하게 생각해 왔습니다. 어린 시절부터 여러 직업에 호기심을 가지고, 내가 그 직업인이 되어 보는 상상을 자주 하곤 했습니다. 그렇게 공상하며 하고 싶은 일들은 많았지만, 소극적인 성격 때문에 종종 그 기회를 놓치곤 했습니다.

대학에 간 후 크고 거창한 것은 아니지만, 작은 도전과 눈앞의 장애물들을 하나씩 좀 더 적극적으로 해결해 보려 시도하기 시작했습니다. 해결하는 데 있어서 나의 의견이 적용되고 문제의 장애물들을 하나씩 넘어설 때마다 성취감을 느꼈고, 그러한 경험들이 차곡차곡 쌓여 지금의 저를 성장시켰다고 생각합니다.

대학과 대학원에서 연구와 논문에 몰두했던 시간은 쉽지만은 않았습니다. 그러나 그 과정은 제가 관심 있던 분야를 더욱 깊이 고민할 수 있었던 소중한 시간이기도 했습니다. 불가능해 보이던 단세포 내 미세 현상들을 감도 높은 나노 프로브를 이용해 세포 내 다중 타깃을 동시에 정량적으로 측정할 수 있는 기술과 분석법으로 풀어내는 연구는 제게 큰 흥미와 도전감을 주었습니다.

그 고민들을 논문으로 정리하고, 그 가치를 학문적으로 인정받는 경험은 저를 한 단계 발전시키는 원동력이 되었습니다. 저는 박사과정의 진정한 의미가 단순한 학위 취득을 넘어 관심 있는 주제를 스스로 기획하고, 실험을 실행하며, 결과를 예측·분석해 결론을 도출하기까지의 전 과정을 가장 깊이 있고 밀도 있게 경험할 수 있다는 점에 있다고 생

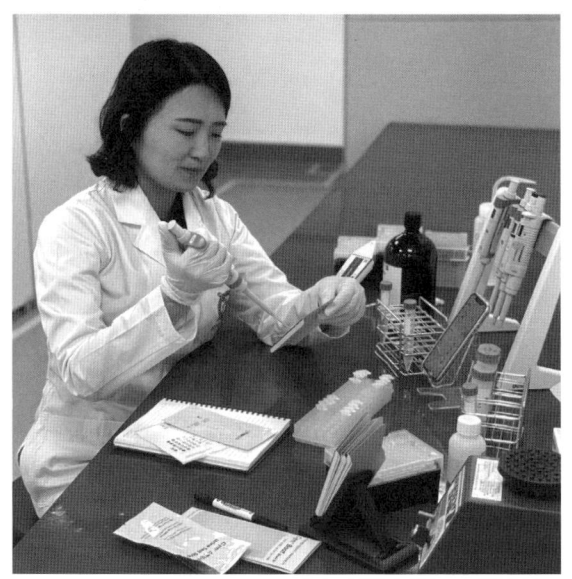

실험실에서 에세이 개발 및 제품 테스트

각합니다. 이러한 과정을 통해 저는 한 명의 연구자로서, 그리고 한 명의 전문가로서 성장할 수 있었던 것 같습니다. 많은 분들이 이 기회를 최대한 활용할 수 있었으면 좋겠습니다.

### 연구에서 산업으로, 또 창업의 길로 – 새로운 도전

박사 학위를 마친 후 학계 진출을 준비하던 중 뜻밖에도 삼성전자에 입사할 기회를 얻게 되었습니다. 제 전공으로는 흔치 않은 길이었기에 고민이 컸지만, 의료기기 혈액 진단 연구 개발과 동시에 상용화를 경험할 수 있다는 점에서 큰 의미를 느꼈습니다. 새로운 도전을 선택했고,

여성엔지니어로서 한 걸음을 내디뎠습니다.

삼성에서의 첫 시작은 회사라는 새로운 시스템과 문화에 적응해야 하는 어려움이 있었지만, 그 과정 속에서 단순히 진단 시약 연구 개발뿐만 아니라 미국 시장 출시를 위한 장기 해외 임상에까지 직접 참여할 수 있는 소중한 기회를 얻게 되었습니다. 이 경험은 연구자의 시각을 넘어 산업현장에서 글로벌 상용화를 바라보는 시야를 넓히는 계기가 되었습니다.

그러나 그 길이 순조롭지만은 않았습니다. 신규 항목 개발에 몰두하던 와중 팀 전체의 개발과 양산이 멈추었고, 저는 긴 기다림 속에서 정체된 시간을 견뎌야 했습니다. 그 시간 동안 '내가 정말 하고 싶은 일은 무엇일까?' 깊은 고민을 거듭했고, 결국 제 아이디어를 구체화해 삼성 사내벤처 프로그램 C-Lab에 지원했습니다.

임직원의 아이디어를 과제로 발전시키는 이 프로그램에서 스마트 토일렛 아이템을 제안하여 여러 단계의 평가를 차례로 통과했고, 마침내 선정된 후 팀을 꾸려 스마트 토일렛 프로젝트를 이끌었습니다. 그 결과 프로젝트를 성공적으로 완수할 수 있었고, 스핀오프를 거쳐 창업가의 길에 들어서게 되었습니다.

삼성을 떠나던 마지막 날, 동료와 나눈 대화가 아직도 기억에 남습니다. 삼성이라는 큰 우산을 벗어나 홀로 사업체를 운영하는 창업가가 된다는 사실은 설렘과 두려움을 동시에 안겨 주었습니다. '과연 잘할 수 있을까? 나는 왜 창업의 길로 들어선 것일까?' 긴 시간 프로젝트를 준비해 왔음에도 막상 현실 앞에서 저는 스스로에게 수없이 질문을 던지고 있었습니다. 그때 동료는 제게 이렇게 말했습니다.

"두려워할 필요 없어. 지금까지 네가 흘려 온 작은 물줄기들이 모여

CES2024에서 스마트 토일렛 혁신상 수상 및
해외 바이어에게 설명하는 모습

지금의 강을 만들었고 이미 네 안에는 수많은 결정과 경험이 쌓여 있으니 걱정하지 않아도 돼."

그 말은 제 마음속 깊이 울림을 주었고, 앞으로의 길에 용기를 내게 해 준 소중한 위로가 되었습니다.

저는 현재 창업한 옐로시스㈜의 혁신적인 팀원들과 스마트 토일렛을 개발하고 상용화를 앞두고 있습니다. 스마트 토일렛 역시 좀 더 미래 도전적인 기술이지만, 저는 그 기술을 저희 회사를 주축으로 여러 산·학·연·병 기관과 현실화하여, CES 등 주요 기술전에서 혁신상 등을 수상하며 적용 사례들을 만들어 가고 있습니다. 곧 많은 분들의 일상에서 건강

지표를 측정하고 관리할 수 있는 주요 도구가 될 것임을 확신합니다.

## 걸어온 길, 다음 세대에게 남기는 이야기

저는 지금 이 순간, 주변의 친구들과는 조금 다른 길을 걷고 있습니다. 그래서 가끔은 두렵기도 하지만 돌이켜 보면 매 순간 깊이 고민하며 쌓아 온 흔적들은 모두 큰 의미를 품고 있었고, 그것이 제 인생의 흐름을 만들어 주었습니다.

저에게는 딸과 아들이 한 명씩 있습니다. 딸을 품에 안았을 때 이런 생각이 들었습니다.

'이 아이도 언젠가 내가 여성엔지니어로서 겪었던 여러 상황을 마주하게 되겠지. 그렇다면 내가 미리 더 다양한 경험을 하고 그 이야기를 들려줄 수 있다면, 이 아이가 그 길을 조금 더 현명하게 헤쳐 나갈 수 있지 않을까?'

그런 마음이 저를 더 열심히 활동하게 만들었습니다. 이 마음은 제 딸에게만 해당되는 것은 아닙니다. 여성엔지니어 후배들에게도 마찬가지입니다. 제가 걸어온 길과 경험들이 누군가에게 작은 도움이 되고 또 그들의 용기를 북돋울 수 있다면, 그것만으로도 저의 여정은 충분히 의미가 있다고 생각합니다.

그래서 저는 오늘의 순간을 더욱 소중히 여기려 합니다. 작은 점들이 모여 선과 면을 이루듯, 오늘의 작은 선택과 움직임들이 모여 내일의 길을 만들어 갑니다. 두려움 반, 기대 반으로 하루를 쌓아 가지만, 그 모든 걸음은 결국 더 넓은 미래로 이어질 것이라 믿습니다.

# 늘, 새로운 시작과 도전!

## 김기은
### 서경대 화학생명공학과 명예교수

고려대 식품공학과 학사, 독일 베를린 공대 생물공학과(환경, 에너지 분야) 공학 석사·박사 졸업 후 교수로 재직하였으며, 동시에 중소벤처기업부 기술혁신위 위원, 오스트리아 RFTE 위원, 한독기술협력위 위원, ADeKo(한독네트워크) 사무총장과 환경정책학회 여성위원회 위원장 등으로 아카데미, 비즈니스, 국제협력에 관한 다양한 활동을 하였다. 현재까지 환경한림원, 한국 ESG학회, 바이오연료 포럼(부회장), 독일농업재단(DLG) 위원장으로서 유럽과 국내 환경 및 에너지 분야의 기업들과 협력하여 국내외적으로 비즈니스 컨설팅을 하고 있다.

## 세대가 만든 기회, 내가 만든 선택, 책 속에서 길을 찾다

중학교 시절 톨스토이, 도스토예프스키, 안톤 체홉 등 러시아 소설과 현실을 오가며 살았다. 밤이면 이불 속에서 손전등을 켜 놓고 소설을 읽으며 잠들었다.

2학년 겨울방학엔 입시를 생각하면서, 더 나아가 미래의 나를 상상하곤 했다. 슈바이처 박사의 전기를 읽으면서, 아프리카, 봉사, 의사, 음악, 거룩함과 같은 단어들을 떠올리며 그 안에서 나의 다른 모습을 눈앞에 그리기도 했다.

고등학교 입학 전에는 기나긴 겨울방학 동안 극장을 다니며 할리우드 영화에 빠져 살았다. 『호밀밭의 파수꾼』을 읽으며 나와 소설 속의 사춘기를 비교하기도 하고, 헤르만 헤세, 루이제 린저 그리고 전혜린 선생의 『그리고 아무 말도 하지 않았다』에 빠져 삶과 죽음, 그리고 존재의 의미에 대해서도 생각해 보았다.

그렇게 시간은 빠르게 흘러, 어느덧 내 인생에서 처음으로 선택을 해야 하는 시기가 다가왔다. 내가 원하는 방향과 '내가 평가하는 나'의 감성으로는 문과였지만, 현실적으로 '무엇을, 어떻게'를 떠올리며 이과를 선택하였다. 드디어 총체적으로 대학 입시에 집중하는 시기에 이르렀다.

당시에는 거의 매일 신문 사설을 읽었는데, 어느 날 눈을 번쩍 뜨이게 하는 기사가 마음과 머릿속에 들어왔다. 독일에 관한 기사였는데, 독일 정부에서 정책적으로 한국의 대학에 농업과 공업, 의학 분야에 일정 기간 경제적 지원을 통해, 건물, 실험실, 연구에 필요한 기계를 제공할 뿐 아니라, 한국 학생에게 독일 유학의 기회를 부여한다는 소식이었다.

나는 대학의 식품공학과로 진학하여 독일로 유학 가는 목표를 가지게 되었다. 그 이유는 헤르만 헤세와 전혜린 선생의 독일이 궁금했고, 동시에 과학, 산업과 농업의 선진국에서 공부하며 내 삶의 한 부분을 직접 경험해 보고 싶었기 때문이다. 덕분에 결정을 내리는 일은 생각보다 가벼웠다.

## 혼란스러웠던 시절, 배움과 꿈을 향한 시간들

지금까지 혼란스럽지 않았던 시간은 없었던 것 같다. 대학 입학 후에는 그야말로 모든 것을 경험하며 느꼈다. 즐겁기도 하였지만 새로운 사회를 배우는 과정 속에서 봉사의 이름으로 야학에서 선생님도 해 보았다.

내가 할 수 있는 일은 대단히 제한적이었으므로, 나는 '나의 계획, 목적'을 떠올리며 독일 유학 준비를 시작하였다. 독일문화원에서 독일어를 집중적으로 배우며, 어학 시험을 보고, 입학 자격을 갖추며, 매주 문화원의 영화 행사에 참석해 내 안에 있었던 문화와 문명에 대한 호기심을 더욱 자극했다. 그렇게 대학 3학년과 4학년, 2년간의 시간을 보냈다.

4학년 2학기 때 독일 대학으로부터 입학 허가를 받고 베를린 공대로 이동했다. 그렇게 꿈에 그리던 독일 유학 생활은 현실이 되었다.

## 계획했으면, 할 수 있는 한 끝까지

독일 입학 후, 한국의 대학 인정 과정(Anerkennung Process) 결과, 독일 대학에서 거의 처음부터 해야 된다는 통보를 받았다. 귀국을 고민하던 중 마침 독일에서 장학금을 받게 되었고 '부담 없이 한번 시작해 보자.'는 마음으로 남기로 결심했다. 그렇게 시작된 유학은 결국 박사 학위로까지 이어졌다. 그때 한 가지 교훈이 내게 유의미하게 남았다. '계획했으면, 할 수 있는 한 끝까지.'

학기 중에는 수시로 시험을 보니, 마음 맞는 동료들과 같이 스터디그룹(Arbeitsgruppe)을 만들어 공부했다. 덕분에 학업도 할 만했고, 언어와 적응에도 많은 도움이 되었다. 방학 중에는 공대의 경우 산업체 실습(Industry Practicum)을 해야 졸업 자격이 주어지므로, 반드시 완료해야 했고, 이때에도 많이 공부하고 배우는 기회가 되었다.

학사(Vordiplom)과정을 마친 뒤, 드디어 석사(Hauptdiplom)과정을 시작했다(생물공학, 주정공학, 곡류공학 전공). 미생물실 조교로 활동하며, Konrad Adenauer 재단의 장학금을 받았고, 공학 석사(Diplom Ingeniur)로 졸업한 후에는 대학에 연구원(wissenschaftliche Mitarbeiterin)으로 취업하였다. 노동 허가, 세금 업무, 산학프로젝트를 주도적으로 수행하였고, 학생 논문 지도와 강의도 맡았다.

그렇게 독일 사회에서 세금을 내며 일하던 그때에는 학교 졸업 후 취업하여 내 인생에서 거의 처음으로 공부 외의 삶을 경험하며 일반적인 사회인이 된 느낌으로 살았었다.

## 실험실에서 시작된 운동

공대 실험실과 실험공장(Technikum)에서 실험을 시작하면서는 발효기 등 무거운 기기를 들어야 했다. 매번 독일 친구들에게 도움을 청하다 보니 민망하여, 힘을 키우기 위해 운동을 시작하였다. 규칙적으로 무거운 물건 들기, 달리기, 테니스, 수영…. 틈나는 대로 이런저런 운동을 지속한 결과, 보람도 있었다. 그렇게 시작했던 운동은, 지금까지 내 삶의 중심에서 동반자가 되었다.

## 박사 학위, 직업인으로서 새로운 이력의 시작점

박사 학위 후 결혼, 임신과 출산 과정을 거쳐 일종의 경력 단절 과정 후 귀국하였다. 한국으로 돌아와 우선 모교에서 연구와 강의를 하던 중, 지방의 한 대학으로 이전하게 되었다.

축산 분야에서 소의 육질 개선을 위한 새로운 사료를 개발하고자 하는 과제를 시작으로, 발효공정을 사료에 적용해 보았다. 일정 기간 규칙적인 사료 공급 후, 확인된 소는 그야말로 마블링 가득한 육질을 보여 주었다. 예상했던 결과였지만 논문의 내용이 실제 축산현장에 적용되면서 기쁜 성취감을 맛볼 수 있었다.

동시에 지역에 있는 사료첨가제와 사료를 생산하는 중소기업을 컨설팅하며, 졸업생들을 취업시키고, 회사와 함께 특허를 신청하고, 신제품을 생산하는 등, 돌이켜 보면 재미와 기쁨으로 나의 경력을 쌓을 수 있었던 귀한 기회들이었다.

끊임없이 변화를 갈구하던 중, 서울로 이동할 수 있는 기회가 내게 다가왔다. 서울에서의 연구 생활은 모든 것이 새롭게 느껴졌다. 유학하고, 연구원으로 일하며, 학위도 받았고, 여러 분야의 연구를 접했지만, 늘 부족한 것 같았다. 그 어느 때보다도 열심히 공부하고 즐거운 마음으로 성실하게 임하였다. 경이로웠던 신기술의 확산에 감탄하기도 하고, 생물공학, 더 나아가 환경, 에너지 분야에서의 가능성에 가슴 설레며 모든 일에 성실히 임했다.

## 오스트리아, 과학과 정책과 미래를 잇는 시간

과학, 기술, 산업, 중소기업, 과학기술 분야 여성 교육 증진 등을 위한 정책에 대해 공부할 수 있는 중요한 기회가 생겼다. 어느 날 오스트리아 정부로부터 과학기술위원(RFTE)의 위원으로 참여할 수 있는지 문의가 왔고, 나는 당연히 기뻐하며 바로 동의했다.

당시까지 한국에서 하던 일들 외에 추가적으로 중요한 숙제가 생기니, 더 많은 공부가 필요했다. 새로운 관점으로 부지런히 유럽 외에도 미국의 Stanford, MIT, 일본, 싱가폴, 타이완, 베트남, 중국 등으로 출장 다니며, 정신없이 지식을 받아들이고 소화시켜 나갔다. 지금도 옛 동료들과 연락할 때는 당시 지식, 기술, 현실과 산업에 대한 열망과 미래를 위한 고민으로 토론하고 컨설팅했던 시간에 대해 이야기하곤 한다.

우리는 2015년에 'European Alpbach Form', '2050년'의 미래에 대해 발표하며, 과학·기술·사회와 경제를 담은 책도 영어와 독어로 공동으로 집필하였다. 당시에는 2050이 참으로 머나먼 미래로 느껴졌지만, 'Net Zero 2050'이 주요 이슈가 되면서, 더 이상 먼 이야기가 아니라 눈앞으로 다가온 현실이 되었다.

## 분주한 일상 속 나의 위로

교수로서 학교에서는 강의, 학생 지도, 취업 등으로 분주했고, 외부에서는 국내외 봉사 활동과 출장 등으로 많은 배움의 시간을 가졌다. 하지만 개인적인 삶에서는 가족의 협력과 더불어 나 자신에게도 더 많은 노력이 필요했다. 돌이켜 보면, 끊임없이 노력하는 삶이었다. 결과

오스트리아 RFTE위원 시절, 준비 회의와 베트남과의 과학기술협력 MOU 교환(2012)

에 대한 평가는 타인의 몫이겠지만, 나는 그저 최선을 다했다면 그것으로 만족해야 한다고 스스로를 설득하고, 조용히 어깨 두드리며 '애썼다'라고 위로한다.

# 연구실 밖으로 나온 과학자,
# 사업의 미래를 요리하다

## 박진희

상명대학교 식품공학과 초빙교수, 뉴노멀솔루션 출판사 대표
(전)한화솔루션 전략부문 상무

서울대학교에서 농업생물공학 박사 학위를 마친 뒤, 20여 년간 CJ 제일제당과 한화솔루션 등 국내 대표 기업에서 혁신적인 식품 소재와 먹거리 개발에 앞장서 온 '푸드테크·미래식품 전문가'이다. 오랜 현장 경험과 연구, 산업 트렌드를 바탕으로, 우리가 직면하게 될 식량 위기에 대한 실질적 대안과 미래 비전을 제시한 『내일의 식탁을 맛보다: 배양육부터 AI식단까지』의 저자이기도 하다. 기술과 인문, 산업과 삶의 경계에서 먹거리의 혁신과 지속 가능성에 대해 깊은 질문을 던지고 있다.

## 내 안의 작은 질문, 세상을 향한 첫 발자국

살아가며 우리는 수없이 많은 선택의 갈림길에 서게 된다. 중고등학생 시절의 나 역시 다르지 않았다. 과학 교실 한쪽에서 조용히 실험기구를 만지던 그 시간들, 나는 변함없이 '바이오'라는 세상에 매료되고 있었고 자연스럽게 대학에서 생물학을 전공하였다. 세포 속에서 벌어지는 생명의 드라마, 작은 현미경 속 생명체에서부터 유전정보가 오가는 보이지 않는 세계를 가로지르는 질서와 창조를 다룬 분자생물학 수업은 내 호기심과 질문이 끝나지 않는 공간이었다.

진로를 고민하던 어느 시점, 단순히 호기심을 넘어서 일상의 문제를 해결하는 과학에 자연스레 관심이 옮겨 갔다. 순수학문이 가진 깊이와 매력을 체험했지만, '내가 배우는 이 지식이 세상에 어떻게 쓰이지?'라는 질문이 점점 또렷해졌다. 나는 이론에만 머무르지 않고 실생활과 직접 연결되는 응용학문, 즉 식품공학(당시에는 농생물공학의 한 분야였던)을 박사과정 전공으로 선택하였다. 음식, 건강, 환경, 인간의 삶이 유기적으로 이어지는 식품공학은 나 자신만의 성장뿐 아니라 사회와도 긴밀히 연결될 수 있는, 나에게 꼭 맞는 과학의 지점이었다.

박사과정은 말 그대로 데이터와 '실패'와의 끝없는 싸움이었다. 실험실의 수많은 밤, 뜻대로 되지 않는 결과 앞에서 좌절도 했지만, 이 모든 경험이 내 안의 근육이 되어 더 깊이 있고 단단해졌다.

그리고 박사 학위를 마칠 무렵, 또다시 선택의 기로에 섰다. 이번엔 '더 넓은 세상에서 나를 실험해 보고 싶다.'는 열망이 찾아온 것이다. 나는 익숙한 땅을 떠나 미국 아이오와 주립대학교에서 박사후연구원(Postdoc)으로서 새로운 출발을 했다. 모든 게 낯설고 어색했던 그곳에서, 현지 연구 네트워크와 문화 속으로 뛰어들며 내 학문적 시야뿐 아니라 세상을 보는 내 안의 '렌즈'도 훨씬 넓어졌다. 언어와 관습이 다르다는 불안보다, 신선함과 배움에 대한 설렘이 더 컸다.

실험실을 넘어선 낯선 환경에 적응하며, 지식은 물론 태도와 성장의 의미를 다시 배웠다. 미국에서의 연수 기간은 내가 세상과 학문을 통합적으로 바라볼 수 있는 인생의 굵직한 전환점이 되었다. 익숙함과 안전을 벗어나 한 번 더 도전하는 용기, 그리고 내 전공을 넘어 사회 전체를 바라보는 힘! 그로부터 나는 이제, 더 이상 두려움이 아닌 설렘으로 선택의 길목에 설 수 있게 되었다.

## 연구에서 기획으로, 성장을 향한 용기

미국에서의 박사후연구원 과정을 마칠 무렵, 내 앞에는 또 한 번의 선택의 기로가 기다리고 있었다. 대학에서 학문의 길을 이어 가 깊이 있는 이론 연구에 몰두할 것인가, 아니면 산업현장에 뛰어들어 현실의 문제와 마주할 것인가. 그 어느 쪽도 쉽지 않은 결정이었다. 수년간 편안함과 익숙함의 테두리를 벗어난 미국 생활에서 배운 것 중 하나는, '성장'이란 늘 불확실성과 두려움, 그리고 용기 있는 도전에서 시작된다는 사실이었다. 그래서 나는 마음 깊숙이 현실의 현장에서 나만의 해답을 찾고 싶다는 바람을 품기 시작했다.

그렇게 선택한 곳이 바로 CJ제일제당이었다. 현장에서 식품의 미래를 직접 설계하고, 연구의 결과물이 어떻게 사회적 · 경제적 가치를 지닐 수 있는지 몸소 경험하고 싶었다. 입사 초기부터 나는 새로운 연구 프로젝트의 밑그림을 그려야 했고, 함께할 인재를 뽑아 연구팀을 구성했다. 중장기 연구계획을 세우고 추진하며, 낡은 관성을 넘어서는 혁신의 실마리를 하나하나 찾아 나가는 일은 쉽지 않지만 짜릿한 여정이었다. 팀장으로서 동료들과 시행착오와 실패를 겪으면서도, 작은 아이디어가 실제 제품이 되고 새로운 먹거리의 내일로 연결되는 순간을 경험할 수 있었다.

그러던 중, 신사업 분야 진출이라는 새로운 기회가 내게 다가왔다. 어느 날 회사로부터 본사 사업기획팀에서 일해 보지 않겠냐는 제안을 받았다. 사실 연구원으로서 실험과 데이터, 과학의 언어에 익숙한 내게 '사업기획'이라는 낯선 세계는 두렵게 느껴지기도 했다. 내가 과연 잘 해낼 수 있을까, 걱정도 많았던 게 사실이다.

하지만 돌이켜 보면, 내 인생은 언제나 새로운 질문 앞에서 용기를 냈을 때 한 단계 성장해 왔다. 이번에도 그랬다. 연구원에서 전략가로, 본사 조직으로 자리를 옮기는 결정을 내렸고, 연구실과는 전혀 다른 경영·사업의 언어를 새롭게 배워 나가기 시작했다.

처음에는 시장조사, 사업가치분석, 프로젝트 로드맵 같은 낯선 과업 앞에서 두렵기도 했지만, 실험실에서 익힌 정밀함과 꼼꼼함, 그리고 데이터를 바라보는 통찰력은 기획의 현장에서도 커다란 무기가 되어 주었다. 결국 문제와 해답, 가능성에 대한 집요한 질문이라는 과학자의 본질적 태도는 연구현장에서나 사업기획의 전략 테이블 위에서나 똑같이 빛을 발했다.

연구원의 시선이 전략가의 눈으로 확장되는 그 과정에서, 나는 비로소 먹거리의 미래를 더 입체적이고 창의적으로 그릴 수 있게 되었다.

기술적 발견의 의미와 사업적 확장의 가능성, 그리고 그 모든 여정 속에서 나만이 가질 수 있는 고유한 역할을 새롭게 발견하기 시작했다. 도전과 불안, 그리고 성장의 순간들이 모여, 나는 또 다른 경계 위에서 나만의 답을 찾아가고 있었다.

### 혁신을 설계하다: 연구와 사업의 경계를 넘어

제일제당에서 보낸 15년은 내게 '혁신'이라는 단어의 진짜 의미를 가르쳐 준 시간이었다. 나는 연구자와 사업기획자, 두 가지 얼굴로 식품과 바이오 산업의 최전선에 섰다.

처음엔 식품소재연구소의 책임연구원으로, 기능성 탄수화물과 단백질 등 차세대 소재 개발에 몰두했다. 실험실에서 이뤄 낸 작은 발견들이 해외 생산공정과 신제품 상용화의 현장에 적용되는 짜릿한 체험은, 내가 연구자로서 성장하는 가장 강력한 동력이었다. 글로벌 고객사와의 협업이나 임상연구는, 실험 결과를 실질적 제품과 시장 가치로 연결하는 다리이기도 했다.

본사 사업기획팀으로 옮긴 뒤에는, 연구의 결과물을 '사업화'라는 이름으로 세상과 연결하는 새로운 모험을 시작했다. 전분 기반 B2B 프리믹스 개발, 동남아시아 생산기지 기획, OEM 공급망 확장 등 신시장 개척 프로젝트를 주도했다. 기술 혁신이 실제 비즈니스로 구현되는, 아이디어에서 실전까지의 모든 과정을 몸으로 경험했다. 바이오 사업 부문에서는 미래를 겨냥한 중장기 전략을 세우고, 고부가가치 효소 등 신사업의 사업화에 집중했다. 중국 기업 M&A, 남미·인도네시아 사업

입지 검토, 식물성 대체육의 글로벌 트렌드 분석까지, 연구와 사업기획이 하나로 맞물리는 국제적인 프로젝트를 이끌었다.

돌아보면, 내 커리어는 '연구라는 실험의 언어'와 '경영이라는 전략의 언어'가 내 안에서 끊임없이 대화한 시간이기도 했다. 연구가 내게 준 꼼꼼함과 분석력, 팀 빌딩과 실행력, 미래를 내다보는 기획자의 감각 모두가, 실험실과 회의실이라는 두 세계를 오가며 얻은 귀중한 자산이었다. 작은 아이디어가 사회적 가치를 지닌 제품으로, 성장의 결실로 피어나는 과정을 반복해서 목격하며, 나는 늘 익숙함을 넘어 배우고 도전하는 삶의 의미를 새롭게 다졌다. 제일제당에서의 15년은 단지 경력의 연속이 아니라, '배움과 혁신의 끝없는 경계 넘기' 그 자체였다.

## 세계를 연결하는 협업, 식탁의 미래를 그리다

제일제당에서의 15년 커리어가 무르익을 무렵, 나는 글로벌 식품산업에 커다란 변화의 물결이 다가오고 있음을 실감했다. 그때, 한화솔루션에서 미래 단백질 신사업의 총괄 임원, 즉 대체육과 배양육 분야를 이끌어 달라는 뜻밖의 제안을 받았다. 생소한 경영 환경, 신설 조직의 문화, 그리고 바이오·푸드테크가 선도하는 최첨단 산업현장에서 다시 한번 인생의 전환점을 맞이하게 된 것이다.

한화솔루션에서는 대체육과 배양육 등 미래 단백질 사업의 발굴과 통합 전략 수립, R&D 총괄이라는 중요한 역할을 맡았다. 초기에는 식물성 대체육 개발을 이끌었고, 점차 배양육 사업으로 조직의 역량을 확장해 나갔다. 특히, 단백질 대체 핵심 소재 개발을 위한 10년 장기 로드맵을 직접 기획하고 추진했다. 경제성 있는 신소재를 개발하고, 투자 및 기업가치 평가, 인재 확보와 조직 역량 강화까지, 말 그대로 미래 생명공학 비즈니스의 청사진을 내 손으로 그려 나갔다.

무엇보다 값진 경험은 미국 등 전 세계 선도 스타트업과의 협업과 투자에서 비롯되었다. 현지 기업들과의 수많은 미팅을 통해, 나는 단순히 기술이나 재무적 투자 그 이상으로 미래 식량 산업이 나아가야 할 방

Bio-ENG 연구소 개소식과 사내방송 인터뷰 - 한화솔루션(2023)

향성과 경쟁 우위를 현장에서 직접 배웠다. 또한 미국 스타트업의 이사로 활동하며 시리즈 투자와 R&D 자문에 참여한 경험은, 바이오 산업 투자의 흐름과 중요한 변곡점을 읽어 내는 안목을 길러 주었다. 글로벌 기업들과 직접 협력하고 급변하는 시장 내 변화를 현장에서 읽고 직접 경험할 수 있었던 것은 내 커리어에서 가장 소중한 자산이 되었다.

또한 서울에 신규 연구소를 구축하고, 다층적 연구 인프라와 연구과제 관리 체계, 글로벌 IP 전략을 정립하는 일도 주도적으로 이끌었다. 실험실에서 출발한 혁신의 기획이 실제 사업과 시장으로 이어질 수 있도록, 모든 기반을 직접 마련했다.

이 모든 여정은 나를 한층 더 깊고 넓게 성장시켰다. 기술의 본질을 꿰뚫는 통찰, 세계 트렌드와 산업 변화를 읽는 시야, 산업정책과 미래 시장을 실전에서 익힌 리더십, 이 모든 경험은 앞으로도 식탁의 내일을 설계해 나가는 나의 가장 큰 힘이 될 것이다. '혁신 설계자'로서의 자부심과 도전 정신, 그리고 변화를 두려워하지 않는 마음이 새로운 미래 식량 시대의 지도를 그려 줄 것이라 확신한다.

## 미래를 여는 용기

마무리를 하며, 나는 지난 여정을 천천히 뒤돌아본다. 연구원으로 첫발을 내딛어, 사업기획자의 길까지 달려온 시간들…. 이 두 세계의 경계에서 셀 수 없는 성장과 깨달음을 경험했다. 실험실의 고요한 질문과 현장의 치열한 결정 사이에서 때로는 두려움에 맞섰고, 때로는 새로운 기회 앞에 설렘을 느꼈다. 하지만 이 두 갈래가 만났을 때, 그곳에서 나는 글로벌 식량 산업의 새로운 모습을 발견했고, '미래 식량'이라는 거대한 과제 앞에서 나만의 안목과 용기를 갖게 되었다.

돌이켜 보면, 연구원이라고 해서 연구에만 머물 필요는 없다. 우리의 역량과 가능성은 실험실의 벽을 넘어 세상 속으로 뻗어 나갈 때, 그 어느 때보다 크게 빛난다. 데이터와 시장, 아이디어와 전략, 과학과 비즈니스가 서로 대화할 때 한 사람의 잠재력은 무한대로 확장된다.

과학의 정밀함과 기획의 통찰이 만나는 지점에서, 세상은 한 발 더 나은 대안을 향해 꿈꿀 수 있다. 그래서 나는 연구와 사업기획, 두 길 모두를 주저 없이 추천하고 싶다. 이 여정은 결코 쉽지 않지만, 질문을 멈추지 않고 의미를 탐색하며 도전하는 이들에게 최고의 성장과 감동을 약속한다. 당신의 실험실이 언젠가는 세상을 바꿀 회의실이 될지도 모른다.

나의 작은 경험이 누군가에게 용기와 새로운 영감을 전하기를 진심으로 바란다.

4부

# 확장

**: 경계를 넘어 연결되는 세상**
(컴퓨터공학, 인공지능, 인간공학, 산업공학)

# 끌림이 커리어가 되도록
(From Curiosity To Career)

박수희

HP Printing Korea 개발팀 전무

부산대학교 컴퓨터공학과 졸업 후 동 대학원에서 병렬처리 연구 분야 석사 학위를 취득하였으며, 스탠포드 경영대학원에서 Innovation and Entrepreneurship 과정을 수료하였다. 약 20년간 삼성전자에서 다양한 엔지니어링 업무를 수행하였으며, HP의 삼성전자 프린팅 솔루션 비즈니스 인수 당시 R&D 부문 대표로 양사 간 통합 프로젝트를 주도하였고, 현재는 HP 프린팅 코리아 개발팀 전무로서 고객 중심의 고품질 복사기 제품 상품화를 이끌고 있다. 기술 분야 여성 전문가의 육성과 여성 리더십 개발에 깊은 열정을 가지고 있으며, 2024년 제57회 과학의 날 과학기술정보통신부장관 표창을 수상하였다.

## 이야기를 시작하며

나는 다른 사람의 인생 이야기 듣는 것을 좋아한다. 새로운 사람을 만나면 본인의 스토리를 얘기해 달라고 요청한다. 각자에게는 수많은 이야기들이 있고 그 이야기 속에는 늘 배움이 있다. 나는 사람을 통해 배우는 것이 즐겁고 그 배움을 통해서 성장한다. 나도 누군가에게 하나의 이야기가 되고 싶다.

## '금'에서 '꿈'으로

어릴 때 읽었던 빨간색 표지 과학책 한 권의 두께와 촉감, 빼곡했던 글씨들이 아직도 기억난다. '연금술'이라는 단어를 그 책에서 처음 만났고 금을 만들어 낼 수 있다는 호기심이 어린 나를 과학의 세계에 연결시켜 주었다. 먹고살기 힘들었던 시대, 잘 살아 보자고 새마을운동을 하던 그때 금은 곧 꿈이 되었다.

흰색 가운을 입고 몽글몽글 연기가 피어 오르는 장비들이 가득한 실험실, 마법이 아닌 과학으로 물질을 창조할 수 있는 화학자가 되는 꿈을 꾸기 시작했다. 가장 존경하는 위인이 누구냐는 질문에 대한 내 답은 항상 퀴리부인이었다. 장래희망이 무엇인지 묻는 질문에 또래의 여자아이들이 현모양처, 선생님, 혹은 간호사라는 꿈을 얘기하던 시절이었기에 화학자라는 나의 장래희망이 시작부터 환영받지는 못했었다.

4세 고시, 7세 고시가 운운되는 지금의 조기 과열된 학구열과는 달리, 나의 학창 시절에는 인생의 방향을 선택하는 결정적 순간은 고등학교 시기였다. 언어 과목 점수에서는 독보적 강점을 보이는 반면 유독 수학 성적에서는 기복이 있는 나에게, 선생님들께서는 적극적으로 문과 선택을 권하셨고 법조계 진로가 딱이라고 조언하셨다.

하지만 나는 "제 성적에 저의 꿈을 맞추는 것 아니라 저의 꿈에 제 성적을 맞추겠습니다"라는 다소 당돌한 답변으로 뒤도 돌아보지 않고 이과를 선택했고, 그 덕분에 남은 고등학교 시절 내내 수학 때문에 고생을 많이 했다. 현실은 현실, 그러나 현실을 거스를 용기가 있어야 꿈이라 부를 수 있지 않을까.

최근에 방영된 〈공대에 미친 중국, 의대에 미친 한국〉 다큐멘터리를 극도의 국가적 위기감을 느끼면서 의미심장하게 시청했었다. 내가 고3일 때도 지금의 대학 지원 방식과 시험 종류와는 달랐지만 희망 대학과 지원 학과를 선정하는 것이 어려운 것은 다를 바 없었다. 당시 내 주변

캄보디아 여고생들과 함께한 해외 봉사단 활동(2016년 11월)

에는 여성과학자로서의 롤모델은 존재하지 않았던 반면, 제2의 연금술처럼 컴퓨터라는 신기술이 세상을 들뜨게 만들기 시작하던 때였다. 선생님은 점수 높은 학과들을 제쳐 두고 화학과를 1지망으로 쓰는 것은 어리석다고 강력히 설득을 하셨고, 안 되겠지 하는 마음으로 1지망은 컴퓨터공학과를, 나의 꿈은 2지망에 두었다.

그러나 결과는 덜컥 1지망 합격. 그렇게 나의 꿈은 화학에서 컴퓨터공학으로 방향을 틀게 되었다. 돌아보면 밀레니엄 시대를 여는 그 시기에 걸맞은 진정한 연금술은, 컴퓨터와 인터넷, 프로그램 개발이 아니었나 하는 생각이 든다.

## '나'에서 '우리'로

졸업 후 대기업에 입사해서 SoC(System on Chip) 설계 업무로 개발자의 여정을 시작했고, 나는 부서에서 '최.유.남'(최초이자 유일하고 남다른)일 때가 자주 있었다.

신입사원 때는 "미스 박 커피 한잔~" 소리도 들어 봤고 여사원이 팀에 들어와서 이젠 사무실에서 웃통을 못 벗는다고 불평하는 선배들도 계셨다. 임신한 나를 옆에 두고도 담배 피우는 분들과 함께 일했고, 여성 수석으로 첫 특진을 했을 때는 축하보다는 따돌림과 배척을 당하기도 했다. 집단에서 소수에 속한다는 것, 눈에 띄고 주목받기 쉬우며 그러면서도 외로움을 홀로 감수해 내야 했던 시절의 맥 빠지는 이야기들은 한두 가지가 아니다.

사회적 제도의 뒷받침도 열악했던 터라 임신 기간 중에도, 출산 후 복귀하고 나서도, 공백 기간이 내 경력상의 부채가 되지 않도록 더 열심히, 아니 과도하게 열심히 일했다. 워킹맘의 삶은 정말 순탄치 않았다. 엄마와 떨어지기 싫어하는 아이들을 회사 어린이집에 나보다 먼저 출근시키고 늦게 퇴근시키면서도, 부서로부터는 오만 가지 눈치를 봐야 하는 위축된 삶의 연속이었고, 아이들이 학교에 진학한 이후로는 더욱 끝이 없어 보이는 이 캄캄한 육아의 터널을 어떻게든 뛰쳐나가고 싶었다.

빠르게 발전하는 기술 영역에서 개발자로 일하는 것도 재밌고 외국 기업과 협업하는 기회도 멋진 경험이었지만, 업무에서도 인정받고 앞서가는 기술 리더가 되는 동시에 애 둘도 잘 키우는 슈퍼우먼이라는 것은 애초부터 말이 안 되는 허상이었다. 게다가 주변에서 회사를 그만두는 선후배 여성엔지니어들을 볼 때마다 내가 제대로 가고 있는 것이 맞

2025 WISET 재직자 멘토링 네트워킹 포럼 EmpowerHER 멘토 활동

는지 답 없는 질문에 오래도록 갇혀 있곤 했다.

늘 목말랐던 것은 여성 롤모델과 여성 멘토였다. 멘토링이라는 프로그램이 제대로 도입되어 있지 않던 시절이었고, 다양성이나 포용성과 같은 개념이 한국 사회에 스며들지 않았던 시기였다.

외국계 기업으로 옮기고 나서야 가장 먼저 눈을 뜨게 된 점이 우리나라에서 흔치 않은 여성 리더들이 세계에는 얼마나 흔하게 존재하는지, 얼마나 많은 훌륭한 후원자들이 존재할 뿐만 아니라 자발적으로 도움을 주려고 하는지, 그리고 얼마나 거대한 가능성의 순간들을 여성이 마주할 수 있게 되는지였다. **나 혼자가 아닌 우리**를 만나게 된 것이다.

## '안전'에서 '도전'으로

오랫동안 해 왔거나 현재 잘하고 있는 일들을 떠나 새로운 업무에 도전하는 용기를 낸다는 것은 사뭇 내게 쉽지가 않았다. 주변에서 새로운 업무에 도전해 보라고 좋은 제안을 해 줘도 도통 자신감이 생기지 않았다.

'과연 내가 잘할 수 있을까? 지금은 준비가 덜 된 것이 아닐까?'

테크기업의 엔지니어로서 직장인으로서 25년을 넘게 살아오면서도 해결되지 않는 숙제는 완벽주의에서 비롯되는 두려움, 자신감 부족의 문제였다. 마치 오디션 무대에 올라서서 심사위원들로부터 '제 점수는요…' 하고 평가를 받는 듯한 불안함 때문에 무대에 올라서는 것 자체를 두려워하는 것이다. 그래서 정작 무대에 올라가서야만 배울 수 있는 드물고 소중한 기회들을 놓쳐 버리게 된다.

또한 나는 남들에게 도움을 요청하는 것을 부끄럽게 생각하는 성향도 갖고 있었다. 혼자서 다 잘 해내야만 할 것 같은 완벽함의 신기루가 나를 안전함에서 밀어내며 두렵게 만드는 것이다.

이럴 때 내게 필요한 것은 멘토다. 머뭇거리고 있는 나에게 자신감을 불어넣어 주고 나를 든든하게 뒷받침해 주겠다는 마음의 평안을 주는 멘토의 메시지는 나로 하여금 새로운 도전을 계속할 수 있도록 부채질해 주었다. 남들이 해 보지 않은 새로운 업무와 경험들에 과감히 뛰어들었고, 완벽해 보이지 않아도 계속 앞으로 전진할 수 있는 힘을 받게 되었다.

고마운 멘토들에게 감사를 표현할 때마다 자기도 본인들의 멘토로부터 거저 받았기 때문에 자신의 멘티들에게 자발적으로 흘려보낸다고 했다. 나 역시 pay back(되돌려주기)하지 않고 pay forward(다음 세대에게 전달)하기 위해서 초등학생들을 위한 코딩 수업 프로그램을 도입하고, 여성기술연구원들의 성장과 연대를 위한 모임을 후원하고, STEM 분야에서 학습하고 있는 여대학생들이 기업 내 선배 여성엔지니어들에게 직접 멘토링 받을 수 있도록 멘토링 프로그램을 지원하고 있다.

내가 목말랐던 만큼 나도 누군가에게 롤모델이 되어 줄 수 있도록 처음으로 도전하기를 두려워하지 않고 과감하게 문을 열기, 그리고 그 문을 닫지 않고 후배들이 전력 질주하여 달려올 수 있도록 그 문을 활짝 열어 두고자 한다. 그렇게 호기심 가득한 나의 커리어 여행은 오늘도 계속된다.

# 우연처럼 시작된 일들이
# 내 인생이 되다

## 황정희
### 한국전력기술㈜ 기술관리실 실장

전남대학교 물리학과에서 학위를 취득한 후, 1996년부터 한국전력기술㈜에 입사하여 약 29년간 근무하였다. ICT 부서에서 포털을 비롯한 다양한 사내 정보시스템 구축 업무를 수행하면서 정보관리기술사를 취득하였다. 그 후 정보보안팀장, 지식정보팀장, 기술관리팀장을 거쳐 현재는 회사 R&D를 총괄하는 기술관리실 실장을 맡고 있다. 전사 R&D의 체계적이고 효율적인 관리를 위해 R&D 수행 체계를 개선해 나가고 있다. 또한, 한국여성공학기술인협회뿐 아니라 한국여성원자력전문인협회 활동을 하면서 미약한 힘이나마 여성엔지니어 성장에 작은 도움이 되기 위해 노력하고 있다.

## 예상치 못하게 시작된 첫 사회생활

내 사회생활의 첫걸음은 그야말로 예상치 못한 길에서 시작되었다. 고등학교 시절 물리 선생님을 존경하며 나도 언젠가는 과학을 통해 세상에 기여하고 싶다는 마음을 품었다. 그래서 대학 전공도 자연스럽게 물리학이었다. 전공 공부는 흥미로웠고, 실험실에서 밤늦게까지 장비를 다루며 데이터를 정리하던 시간들로 나의 청춘을 가득 채워 나갔다.

그러다 나는 친구를 따라 무심코 지금의 회사에 원서를 넣었다. 주소는 서울 삼성동이었고 나는 그저 '한국전력공사'라고 생각했다. 그때만 해도 '한국전력공사'와 '한국전력기술'의 차이를 정확히 아는 사람은 많지 않았다. 원서 제출 후 별 기대를 하지 않았는데, 뜻밖에도 나는 합격 통보를 받았고 같이 지원한 친구는 떨어졌다. 합격 소식을 들었을 때의 놀라움과 동시에 느낀 책임감은 아직도 생생하다.

첫 출근지로 발령받은 지역은 '용인'이었다. '용인 지점으로 발령이 난 건가? 나에게 용인이라는 지역은 낯선 곳이었으나, 출근 첫날 설레는 마음과 두려움을 안고 회사를 찾아갔다. 그런데 회사 주소를 따라가 보니, 성남시 분당 끝자락, 논밭 사이에 덩그러니 서 있는 7층 건물 하나가 보였다. 주변은 온통 논밭이었고, 봄이면 개구리 울음소리가 가득 메우는 그야말로 시골 한복판이었다. 서울 생활을 꿈꿨던 내게는 적잖은 충격이었다.

당시에는 지하철도 없었고 교통편도 불편했다. 마을버스를 타고 한참을 들어가야만 닿을 수 있는 곳이었다. '정말 여기가 내 사회생활의 시작점이 맞는 걸까?' 의구심이 스쳤지만, 신입사원 교육을 마치고 부서 배치를 받으면서 고민할 겨를도 없이 본격적인 회사 생활이 시작되었다.

## 전공과 다른 길 – ICT라는 낯선 세계

나는 물리학을 전공했기에 계측 분야를 지원했으나, 막상 배치된 부서는 '설계전산부'였다. 한순간에 예상과는 전혀 다른 길로 들어선 셈이다. 중학교 시절 잠깐 다닌 컴퓨터 학원에서 BASIC 언어를 배운 기억과, 대학에서 FORTRAN을 다뤄 본 경험이 전부였는데, 나는 하루아침에 전산 업무 담당자가 되었다.

회사에는 막 386 PC가 보급되고, 윈도우 운영체제가 도입되던 시기였다. 전산 전공자와 기술직 직원들이 함께 설계 전산화를 추진하는 특별 조직이 꾸려졌고, 나는 그곳에 투입되었다. 당시로서는 '디지털 전환'의 초기 단계였는데, 나는 전산의 세계를 거의 백지상태에서 시작해야 했다.

첫 프로젝트는 지금도 잊을 수 없다. 발전소 설계기술정보, 종료 사업 기록관리, 표준기술문서, Code & Standard 자료, 절차서와 도서 정보 등 방대한 데이터를 체계적으로 관리하고, 검색 엔진을 도입해 전사적으로 정보를 통합 검색할 수 있는 디지털 라이브러리 구축 사업이었다. '벡터 개념'과 '시소러스'를 적용한 검색 기술은 그 시절 국내 기업들 사이에서도 매우 혁신적인 시도였다.

하지만 나에게는 ICT 자체가 낯설었다. 정보처리 개념, 데이터베이스 구조, 네트워크, 보안, 프로그래밍 언어 등 알아야 할 것이 끝이 없었다. 주경야독은 당연했다. 낮에는 선배들과 함께 프로젝트를 수행하며 현업의 언어를 배웠고, 밤에는 교재와 참고서를 붙들고 기초 개념부터 다시 공부했다. 새벽녘까지 회사 불이 꺼지지 않았던 날이 많았다. 피곤에 지쳐도 '적어도 선배들에게 누는 끼치지 말아야 한다'는 마음이 나를 지탱했다.

그렇게 공부와 일을 병행하다가 처음으로 정보처리기사 자격증을 취득했을 때, 비로소 나는 전산 분야의 출발선에 섰다는 안도감을 느꼈다. 그 후 회사 최초로 사내 포털시스템을 자체 개발하는 프로젝트에 참여했고, 당시로서는 신선했던 SSO 개념을 도입해 효율적인 업무 환경을 만드는 데 기여했다. 이 공로로 사내에서 상도 받았다. 하지만 여전히 전공하지 않은 분야에 대한 한계와 갈증은 남아 있었다.

그 무렵, 선배가 "기술사에 도전해 보는 게 어떻겠느냐?"는 말을 건넸다. 처음엔 웃어넘겼다. '내가 할 수 있을까?' 하는 의문이 앞섰기 때문이다. 그러나 '밑져야 본전'이라는 생각으로 도전을 결심했다.

## 정보관리기술사 도전 - 또 다른 성장의 길

기술사 준비는 생각보다 훨씬 고됐다. 서울 소재 학원에 등록해 매주 강의를 들었고, 기술사에 도전하는 다른 회사 사람들과 스터디 그룹을 만들었다. 평일에는 회사 업무를 병행하며 새벽까지 공부하고, 주말에는 서울로 올라가 스터디 모임에 참여했다. 당시 내가 살던 곳은 수원이었는데, 버스로 이동 중 피곤에 겨워 종점까지 가 버린 적도 많았다. 늦은 밤 막차를 타고 종점에 내려 집까지 걸어가던 그 발걸음은 무겁지만 동시에 뜨거웠다.

기술사 공부는 단순히 자격 취득이 목적이 아니었다. 1,000개가 넘는 IT 용어를 정리하고, 들어 보지도 못한 정보시스템들을 조사해 자료화하는 과정은 나에게 새로운 사고의 틀을 열어 주었다. '이 분야에서 나는 아직 아무것도 모른다'는 사실을 인정하고, 차근차근 기초를 다지면서 스스로를 새롭게 세워 나가는 시간이었다.

1년 만에 1차 필기시험에 합격했고, 다시 1년 뒤인 2007년 최종 2차 면접에 통과했다. 합격 통보를 받던 순간의 기쁨은 이루 말할 수 없었다. 그것은 단순한 자격증 취득 이상의 의미였다. 나는 비로소 ICT 분야에서 전문가로 인정받았고, 스스로도 자부심을 가질 수 있게 되었다. 그때의 경험은 지금도 지적·사회적 자산으로 남아 나를 지탱해 주고 있다.

## 결혼과 육아 - 인생의 새로운 무대

결혼은 내 삶에 또 다른 변화를 가져왔다. 원래는 혼자 사는 것도 나쁘지 않다고 생각했지만, 부모님의 걱정과 성화에 못 이겨 지금의 남편을 소개받았다. 당시 나는 기술사 시험 준비에 몰두하고 있었고, 부담스러운 마음에 한때는 관계를 정리하기도 했다. 그러나 합격 후 다시 연락이 닿으면서 인연은 이어졌다.

나중에 결혼 후 시어머니께 들은 이야기로는, 당시 남편에게 여러 아가씨를 소개했지만 결혼하겠다는 말을 한 적이 없었다고 한다. 그런데 나를 처음 만나고 와서는 이 여자랑 결혼해야겠다고 얘기했다는 것이다. 남편도 내가 합격 후 다시 연락이 되었을 때 이번에는 절대 놓치지 않아야겠다고 생각했단다.

우리는 그렇게 결혼을 했고, 결혼한 이듬해에 첫 아이를 낳았다. 육아는 그야말로 '신세계'였다. 갓난아기의 울음 앞에서 속수무책으로 울던 날이 많았다. 내가 엄마가 된 것도 처음이듯, 아이 역시 이 세상에 처음 나온 존재였다. 서로가 낯선 상황에서 매 순간 시행착오를 겪었다. 산후우울증이 찾아왔고, 출산휴가가 끝날 무렵 아이를 맡길 곳이 없어 막막했다.

그때 같은 아파트에 살던 한 할머니를 만난 것은 내 인생의 큰 행운이었다. 매일 아침 아기를 포대기에 싸서 그분께 맡기고 출근했으며, 갑작스러운 병원행에도 도움을 받을 수 있었다. 그분은 아이 키우기의 기쁨과 고단함을 함께 나눈 진정한 동반자였다. 수원을 떠나온 지 10년이 지났지만, 아직도 연락을 주고 받는다.

첫째 양육이 힘들어 둘째는 생각조차 못 했지만, 그분의 권유와 조언 덕분에 결국 마흔이 넘어 둘째를 낳았다. 둘째가 태어나면서 또 다른

2013년 둘째 만삭에 출장, 라스베이거스

기쁨과 힘듦의 에피소드들이 4배로 늘어났고, 지금은 초등학교 6학년이 된 둘째와 매일 티격태격하지만, 그 아이가 있어 내 삶은 더욱 풍요롭다. 둘째가 없었다면 어쩔 뻔했을까 싶다. 징징거리고 투덜대도 둘째는 사랑이다. 육아는 나를 힘들게도 했지만 동시에 나를 단단하게, 그리고 더 따뜻하게 만들어 주었다.

## 새로운 도전과 성찰 - 결국은 한 걸음 한 걸음

나는 정보관리기술사 취득 이후 전산·보안 업무를 넘어 지식정보팀, 기술관리실 등 새로운 영역에서 일했다. ICT에서 전혀 다른 분야로 이동할 때마다 두려움도 있었지만, 새로운 업무와 또 다른 동료들과의 만남이 나를 성장시켰다.

2024년 WiN Global 컨퍼런스 참석, 멕시코

내 사회생활을 돌아보면 순탄한 길만은 아니었다. 예상치 못한 부서 배치, 무모한 도전, 유리천장, 수많은 실패. 그러나 그 모든 순간이 나를 더 단단하게 만들었고, 사고의 폭을 넓혀 주어 유연하고 창의적인 생각을 할 수 있게 한 것 같다. 그리고, 지금의 내가 있기까지 분명 나의 곁에서 도움의 손길을 내밀어 준 사람들이 너무도 많다. 그분들의 고마움도 잊지 말아야 할 것이다.

앞으로 남은 인생도 어디로 흘러갈지는 알 수 없다. 그러나 한 가지 분명한 것은 있다. 두려움에 멈추지 않고, 나와 내 주변을 믿으며 나아간다면 결국 해피엔딩이지 않을까 싶다.

마지막으로, 호락호락하지 않은 인생을 살고 있는 많은 분들에게 전하고 싶다. 지금 힘들다고 생각되는 일은 결코 혼자 겪고 있는 일이 아니며, 나도 모르는 사이에 도움을 주고 있는 주변 사람들이 분명 있다는 사실을 기억하자. 묵묵히 한 걸음 한 걸음 앞으로 나아가다 보면 어느 순간 본인이 원하는 곳에 서게 될 것이다. 파이팅!

# 연구자의 길, 멈추지 않는 탐색

임호정

한국전자기술연구원 책임연구원

강릉대학교 전자계산학과를 졸업하고, 미국 시라큐스대학교에서 컴퓨터과학 석사, 엔지니어링 매니지먼트 석사, 그리고 인공지능 전공의 컴퓨터&정보과학 박사 학위를 취득했다. 2004년부터 한국전자기술연구원(KETI)에 재직하며 인공지능 윤리 및 보안 분야 연구를 이끌고 있으며, 산업통상자원부 R&D전략기획단 전문위원으로서 국가 정책을 기획하는 데 기여했다. 이를 통해 학문과 산업, 정책을 아우르는 전문가로 활동 중이다. 더불어 대한전기학회, 한국정보과학회 등 여러 학회에서 여성과학위원회 활동을 통해 여성 과학기술 인재를 위한 멘토링과 리더십 교육에도 적극적으로 참여하고 있다.

## 첫 번째 길, 막연함 속에서의 시작, 방황 끝의 발견

나는 20년 넘게 IT(Information Technology) 분야 연구원으로 일하고 있다. 하지만 이 길은 처음부터 치밀한 계획이나 확신 속에서 정한 것은 아니었다.

10대 시절, 공부보다는 바이올린, 플루트, 영어 연극 등 다양한 활동에 더 관심이 있었다. 그러던 중 전자공학과 교수였던 큰아버지와 교사였던 아버지께서 "앞으로는 컴퓨터가 유망하다"는 조언을 해 주셨다. 게다가 어린 시절 외삼촌 덕분에 애플 컴퓨터와 프로그래밍을 접했던 경험도 있었다. 결국 '막연하지만 끌리는 선택'을 했고 그 결정은 내 인생의 중요한 전환점이 되었다.

대학에서 컴퓨터를 전공하면서 교육학을 부전공했고, 교생 실습도 경험했다. 교생 실습에서 학생들이 이해하는 모습을 보는 일이 즐거워 교사의 길도 고민했지만, 취업 중심 교육과정에 대한 경험 부족으로 확신이 서지 않았다. 결국 '나를 더 잘 알고 싶다'는 이유로 대학원 진학을 선택했다.

대학원 준비 과정에서 영어 공부와 정보 수집에 많은 어려움이 있었지만, 직접 발로 뛰며 학과 사무실을 찾아다니고 영어 라디오로 꾸준히 공부하며 극복했다. 이 과정에서 '시도하지 않으면 아무것도 얻을 수 없다'는 중요한 깨달음을 얻었다.

그러나 대학원에서 원하는 연구실에 들어가지 못했고 연구 주제에도 확신이 없어 결국 자퇴를 결심했다. 동시에 교사 특별 채용의 기회도 있었지만, 나는 메모 습관을 통해 내 마음을 다시 들여다보았고 결국 낯선 미국 유학이라는 도전을 선택했다.

혹시 대학원 진학이나 전공 선택을 고민 중이라면 단순히 흥미만 볼 것이 아니라 정부 정책과 연구 동향도 함께 살펴보길 권한다. 정부가 집중적으로 지원하는 분야는 자연스럽게 인력 수요도 높아지기 때문이다. 지금의 인공지능(AI)이 그 대표적인 사례로, 정책브리핑(https://www.korea.kr)이나 NTIS(https://www.ntis.go.kr) 사이트를 참고하면 미래 방향을 읽는 데 도움이 된다. 세계의 흐름을 알고 싶다면 가트너 그룹(https://www.gartner.com) 등에서 매년 발표하는 미래 기술 보고서를 참고하면 좋다.

## 두 번째 길, 치열한 배움 끝에 이룬 연구원

26살에 미국에 도착한 나는 '6년 후 교수가 되어 돌아오겠다!'는 다짐을 적어 자신에게 편지를 썼다. 그리고 6년 동안 컴퓨터과학 석사 학위와 박사 학위, 현장 경험을 대비한 엔지니어링 매니지먼트(Engineering Management) 석사 학위까지 취득하며 치열하게 공부했다.

유학 중 수업조교로 학생들을 가르치며 내 적성이 강의보다는 연구에 더 가깝다는 사실을 깨달았다. 그 무렵 한국전자기술연구원(KETI)[*]의 해외 채용 공고를 보고, 연구자로서의 새로운 여정을 시작하기에 더없이 좋은 곳이라 느껴 지원했는데 졸업 1년 전에 합격 소식을 들을 수 있

---

[*] KETI는 산업통상자원부와 과학기술정보통신부 등과 협력하여 핵심 기술을 선제적으로 개발하고, 신산업 창출을 이끄는 동시에 중소·중견기업의 기술 혁신과 사업화를 지원하는 전문생산기술연구소임(https://www.keti.re.kr).

었다. 박사 졸업식 날, 빛바랜 다짐의 편지를 꺼내 보며 그 시간들이 내 인생의 큰 자산이 되었음을 확인했다.

　많은 사람들이 연구원은 대학에서 전공한 분야만 평생 연구한다고 생각하지만 실제로는 국가 정책이나 산업 수요, 기관의 방향에 따라 연구 주제가 크게 달라진다. 나 역시 인공지능을 전공했지만 입사 초기에는 유비쿼터스 컴퓨팅, 센서 네트워크 등 당시 산업과 정책이 필요로 하는 다양한 연구를 수행했다.

　연구원 생활 중 가장 보람을 느꼈던 순간 중 하나는 2017년, 대한민국의 AI 경쟁력 강화를 위해 실무책임자로서 기획했던 '인공지능 플래그십 과제'가 국가 전략 과제로 선정되고, 이를 기반으로 KETI 내에 인공지능 연구센터가 설립된 일이었다.

　이처럼 대형 과제가 선정되기까지는 긴 준비 과정이 필요하다. 과제 공고가 나기 1년 전부터 수요 조사와 기획 단계가 시작되고, 연구자들은 논문, 국내외 정책, 기술·시장 동향을 폭넓게 조사하여 아이디어를 제안한다. 그 후에는 연구의 구체적 구현 방안을 정리하고 산·학·연 컨소시엄을 구성해 제안서를 제출한다. 수많은 경쟁 제안서 중에서 실제 실행 가능성과 파급 효과가 뛰어난 소수만 최종 선정된다.

　오랜 시간과 노력이 투입된 과제가 최종적으로 선정되었을 때의 감격은 이루 말할 수 없다. 단순히 연구비를 확보했다는 의미를 넘어 국가 전략과 기술 발전에 기여한다는 자부심과 책임감이 함께 찾아오기 때문이다. 그 순간은 연구자로서의 존재 이유를 다시금 확인하게 해 준 내게 매우 뜻깊은 경험이었다.

　연구원의 길을 걷던 나는 엔지니어링 매니지먼트 석사 학위를 바탕으로 새로운 도전에 나섰다. 3년간 산업통상자원 R&D전략기획단 전문위원으로 파견되어 정책 기획 업무를 수행한 것이다. 7개월에 걸쳐 산업 대전환을 위한 '초격차 성장견인 혁신 40대 프로젝트' 정책 기획에 참여했다.

특히, 2023년에 도출된 11대 핵심 투자 분야(반도체, 디스플레이, 이차전지, 미래 모빌리티, 핵심 소재, 첨단 제조, 지능형 로봇, 항공·방산, 첨단 바이오, 차세대 원자력, 에너지 신산업)에 대한 정책을 수립하는 데 기여했다. 정부 부처, 전담 기관, 산·학·연 전문가들의 오랜 의견 수렴 과정과 공청회를 통해 국민들의 목소리까지 반영하는 정책 수립 과정을 직접 경험하며, 익숙했던 연구와는 또 다른 시각을 갖게 되었다.

KETI에서 산업부 '미래 판기술' 설명회 개최 후 담당자들과 함께

산업통상자원R&D전략기획단 감사패 수여식

새로운 분야에 뛰어드는 것이 쉽지 않았지만 지금 돌이켜 보면 정책기획 경험은 연구를 바라보는 나의 관점을 한층 더 풍부하게 만들어 준 소중한 자산이 되었다.

최근 나는 AI 윤리 연구에 깊은 관심을 두고 있다. 그 계기는 미국과 유럽에서 연이어 보도된 한 사건이었다. AI 챗봇의 무책임한 답변이 한 10대 소년의 극단적 선택으로 이어졌다는 소식을 접하면서, AI는 단순히 기술적 성능만을 추구해서는 안 되며 반드시 인간의 보편적 가치와 윤리적 기준에 부합해야 한다는 절실한 문제의식을 갖게 된 것이다.

현재 나는 인공지능의 다음 단계라 할 수 있는 범용인공지능(AGI, Artificial General Intelligence)을 대비한 윤리 정렬(Ethical Alignment)을 연구하고 있다. 기존의 좁은 범위의 AI는 특정 문제 해결에 최적화되어 있으며 주어진 데이터와 피드백을 기반으로 동작하나, AGI는 스스로 학습하고 장기적 목표를 수립하며 인간의 개입 없이도 새로운 상황에서 자율적으로 판단할 수 있는 인공지능이다. 이 때문에 단순한 AI 정렬과는 구분되는 보다 심화된 AGI 정렬 접근이 요구된다. 이를 실현하기 위해 데이터와 알고리즘 연구를 넘어, AGI가 실시간으로 변화하는 규정과 사회·문화적 맥락 속에서도 올바른 윤리적 의사결정을 내릴 수 있도록 연구를 진행하고 있다.

AGI 윤리 정렬 연구는 학문적 호기심에 그치지 않는다. 이는 사회와 국가 정책 차원에서 반드시 필요한 과제이기도 하다. 범용인공지능이 의료·국방·금융·교육·복지 등 인간 삶의 전 영역에 깊숙이 관여하게 될 때, 그 결정이 인간의 존엄성과 가치에 부합하지 않는다면 심각한 위험을 초래할 수 있다. 따라서 AGI 윤리 정렬은 단순한 "안전한 기술 개발"을 넘어, 사회적 신뢰와 지속 가능한 활용을 보장하는 핵심 열쇠이다.

연구자에게는 석사 이상의 학위가 기본이지만, 끊임없이 배우고 도전하는 자세가 더욱 중요하다고 생각한다. 물론 연구 과정은 쉽지 않다. 프로젝트 유치와 평가에 대한 압박, 실패의 위험, 육체적·정신적 소모가 크다. 하지만 그 속에서 창의성을 발휘하여 새로운 기술을 제안하고 실현하는 성취감, 자율적인 시간 활용, 그리고 정부 IT 정책 기획 참여, 대학 출강과 저술 같은 다양한 기회는 연구자만이 누릴 수 있는 특별한 보람이다.

## 세 번째 길, 멈추지 않는 진로 탐색과 후배 연구자들에게

나는 지금도 '사람과 기술을 연결하는' 새로운 길을 모색하며 연구를 이어 가고 있다. 공학 연구자로서의 경험뿐 아니라 청소년교육학과 사회복지를 공부하고, 사회복지사 1급, 청소년지도사, 직업능력개발훈련교사 자격증을 취득한 것도 모두 같은 맥락의 탐색이었다. 나에게 진로

사회재난 프로젝트: 현장에서 동료들과 현장 실험

란 단순한 '결정'이 아니라 끊임없는 '탐색'이며 성장하는 과정이다.

완벽하게 자기 길을 아는 사람은 거의 없다. 다양한 시도와 실패, 그리고 타협조차도 결국 자신을 단단하게 만드는 소중한 자산이 된다고 믿는다. 이러한 경험을 바탕으로 후배 연구자들에게 몇 가지 이야기를 전하고 싶다.

연구자의 길은 성과를 내기까지 시간이 걸리고 때로는 외롭고 불안한 여정처럼 느껴지기도 한다. 그러나 방황은 약점이 아니라 자신을 단련시키는 과정이라는 점을 잊지 않았으면 한다. 또한 크고 거창한 성취만이 아니라 짧은 논문 한 편, 작은 프로젝트의 완수, 실험에서의 실패와 작은 진전도 모두 연구자로서의 토대를 쌓아 가는 중요한 발걸음이다.

무엇보다 연구는 혼자만의 고독한 활동이 아니라 동료, 선배, 협력자와의 긴밀한 네트워크 속에서 이루어지는 공동의 여정이다. 이러한 협력적 관계를 적극적으로 활용할 때 비로소 더 큰 가능성이 열린다.

그러나 승진, 연구비 지원, 주요 연구 과제나 보직과 같은 영역에서는 보이지 않는 유리천장이 존재하며, 다수의 남성 연구자가 형성한 조직 문화 속에서 여성 연구자가 겪는 어려움 또한 분명히 존재한다.

그럼에도 불구하고 여성 연구자가 지닌 다채로운 관점과 섬세한 감수성은 연구현장에 반드시 필요한 자산이며, 자신만의 고유한 시각과 전문성을 잃지 않는 것은 곧 연구의 독창성과 생명력의 근간이 된다. 이러한 특성은 협업을 기반으로 하는 연구 활동에서 원활한 인간관계와 소통에서 강점으로 발휘되며, 다양한 관점과 아이디어를 제공함으로써 연구를 더욱 풍부하고 창의적으로 이끄는 원동력이 된다.

나 역시 여전히 진로의 길 위에서 배우고 성장하는 과정에 있다. 하지만 한 가지 확신할 수 있는 것은, 자신을 믿고 끝까지 도전한다면 그 길은 언젠가 분명히 열린다는 사실이다. 지금 이 순간에도 탐색을 멈추지 않는 여러분의 도전을 진심으로 응원한다.

마지막으로 연구원을 꿈꾼다면, 스스로에게 이런 질문을 던져 보길 바란다.

"복잡한 문제를 푸는 과정을 즐기는가?"

"새로운 기술과 지식에 대한 호기심이 끊이지 않는가?"

"감성적·직관적인 사고보다는 논리적·합리적인 사고를 선호하는가?"

"혼자 깊이 몰입하면서도 팀워크를 할 수 있는가?"

"글쓰기와 발표가 크게 두렵지 않은가?"

"실패를 두려워하지 않고 다시 도전할 수 있는가?"

이 가운데 몇 가지라도 '그렇다'라고 답한다면 연구원의 길은 충분히 도전할 만하다. 아직 진로가 불확실하다면, 커리어넷(https://www.career.go.kr) 같은 진로 탐색 서비스를 활용하는 것도 큰 도움이 되니 참고 바란다.

# 천체물리학자에서 인공지능 학자로

김경이

인제대학교 AI소프트웨어학과 조교수

인제대학교 물리학과에서 학·석사 학위를 취득한 후, 컴퓨터 응용과학으로 이학 박사 학위를 취득하였다. 현재 지역연계센터 센터장, ㈜경남콘텐츠산업협회 자문 위원, 한국정보통신학회 기획이사, 김해시 평생학습 과학축제 위원장으로 활동하고 있다. 현재 인재대학교 AI소프트웨어학과 교수로 재직하며 여성 후배 양성에 많은 관심을 가지고 있다.

## 책 속에서 길을 찾다

사실 나는 고등학생 때 학교 공부에 그렇게 흥미가 없었다. 특별히 잘하지도 못하지도 않았지만 그렇다고 완전히 뒤처지지도 않는, 늘 중간쯤의 성적을 유지하는 학생이었다.

그 시절에는 교과서보다 다른 책들이 더 매혹적이었다. 어쩌면 공부가 하기 싫었던 내 나름의 반항이었는지도 모른다. 지금 생각하면 공부는 하기 싫고 그것에 대한 정당성을 부여하기 위하여 책을 많이 읽었던 것 같다. 나는 고전을 비롯한 다양한 책들을 닥치는 대로 읽었다.

『사서오경』은 인간과의 관계 및 세상을 어떻게 살아가야 하며 살아가는 이유와 가치에 대하여 깊게 생각하는 계기가 되었으며, 니체의 『짜라투스트라는 이렇게 말했다』를 읽으며 인간의 자유와 존재의 의미에 대해 사색했다. 그리고 어느 날 손에 들어온 스티븐 호킹의 『시간의 역사』라는 책은 나의 진로를 결정하는 데 아주 큰 영향을 미치게 되었으며 내 삶의 방향을 바꾸어 놓았다. '나도 저 거대한 우주를 이해하는 사람이 되고 싶다.'는 생각을 하게 된 것이다.

그때 나는 내 전공을 천체물리학으로 정했다. 스티븐 호킹의 『시간의 역사』에서 복잡한 물리학 이론과 우주의 기원을 풀어내는 것이 가능하다는 것에 매료되어 물리학자의 꿈을 키웠고, 광활한 우주를 연구하여 진리를 탐구하고자 하였다.

## 현실이라는 무게

그러나 학문을 향한 여정은 낭만과는 거리가 멀었다. 집안 형편은 넉넉하지 못했고, 학비와 생활비를 마련하기 위해 수많은 아르바이트를 해야 했다. 다행히 그 시절에 나는 학생을 가르치는 학원 강사 생활을 하며 학업을 이어 나갈 수 있었다. 학원 아르바이트를 마치고 늦은 시간에 학교 도서관에 다시 올라가서 새벽까지 공부하곤 했다. 몸은 고되었지만 함께 늦게까지 공부하는 선배들이 있어서 학업을 이겨 나갈 수 있었다.

그러던 중 아버지가 편찮으시게 되어 대학원에 진학하고 싶었지만 학업에 대한 꿈은 졸업과 함께 접고 직장에 들어갔다. 현실의 무게 앞에서 생계를 위한 선택은 불가피했다. 그러나 마음 한쪽은 늘 허전했다. 늘 못다 한 공부에 미련이 남았고, 결국 나는 다시 학교로 돌아왔다.

학교로 돌아와서 공부를 다시 시작할 수 있었던 것은 그때 당시 인제대학교 대학원의 등록금을 모두 지원받을 수 있을 뿐 아니라 일정 수준의 연구비도 지원받을 수 있기 때문이었다. '다시 시작한다는 것'이 두렵지 않았다고 하면 거짓일 것이다. 현재 나의 남편이 된 친구의 독려와 학문을 이어 가고 싶은 나의 열망 덕분에 가능한 일이었다.

## 천체물리학, 극한의 학문을 마주하다

천체물리학 전공 과정은 물리학과 수학의 깊은 이해를 요구하는 고통스러운 여정이었다. 양자역학, 상대성 이론, 열역학 등 난해한 이론들을 파고들어야 했고, 우주의 복잡한 현상을 설명하기 위해 수많은 수학적 모델을 구축해야 했다. 특히 블랙홀과 시공간의 곡률을 다루는 상대론과 이를 표현하기 위한 텐서의 개념을 이해해 나가는 과정은 그렇게 쉽지만은 않았다.

수식 하나를 유도한 것이 노트 반 권에서 한 권 정도 되는 것이 다반사였으며, 유도한 해를 해석하는 것 또한 깊은 이해와 통찰력이 필요했다. 이 당시 나는 이 길을 잘못 선택한 건 아닐까 하는 고민에 스스로를 자책하며 지냈던 것 같다. 중간에 그냥 포기할까 하는 생각도 여러 번 했다.

일반상대론은 아인슈타인 장 방정식(Einstein Field Equations, EFE)을 기반으로 이루어져 있다. 이 방정식은 10개의 비선형 편미분방정식으로 이루어져 있으며, 서로 얽혀 있기 때문에 해석적(analytical) 해를 구

2025 SCM FAIR 산학연계 전시장에서 공동연구한 대학원생들과 함께

하기가 극히 어렵다. 대부분의 경우 정밀한 해는 불가능하고, 근사적·수치적 방법에 의존해야만 한다. 이를 위하여 수치적 해석이 필요하여 컴퓨터 프로그래밍을 해야만 했다.

이러한 수치 해석과 컴퓨터 프로그래밍은 넘어야 할 거대한 산처럼 느껴졌다. 손으로 풀 수 없는 복잡한 방정식들을 컴퓨터로 구현해야 했고, 수많은 코드 오류와 씨름하며 밤을 새우기 일쑤였다. 작은 점 하나의 버그로 몇 날을 허비하고 이 점 하나의 에러를 찾기 위하여 밤을 새운 적도 다반사였다.

## 새로운 연구의 전환, 인공지능을 향한 항해

그렇게 우주를 탐구하던 중, 10년 전에 나는 새로운 연구 방법으로 인공지능이라는 것을 접하게 되었다. 우주에서 관측되는 데이터는 방대하다. 이것을 인공지능이라는 방법을 통해서 새로운 연구를 할 수 있을 것이라 생각되었다. 천체 데이터를 분석하며 방대한 양의 정보를 처리하는 과정에서 인공지능 기술의 무한한 가능성을 엿보게 되었다. 복잡한 알고리즘을 통해 미지의 데이터를 해석하고, 예측하며, 우주의 비밀을 밝히는 데 인공지능이 결정적인 역할을 할 수 있음을 깨달았다.

나는 우주라는 미지의 영역을 탐험하는 천문학자의 여정은 인공지능이라는 새로운 항로를 통해 더욱 확장될 수 있을 것이라 확신했다. 그러나 새로운 항해를 시작하는 것은 쉽지 않았다. 이미 자리 잡은 인공지능 전문가들 사이에서 나는 초보자에 불과했다. 천체물리학에서 쌓아 온 지식과 경험은 새로운 분야에서는 마치 무용지물처럼 느껴졌고,

나는 다시 밑바닥부터 시작해야 했다.

이전에는 우주의 거대한 현상에 집중했다면, 이제는 미세한 데이터의 흐름과 알고리즘의 논리를 파고들어야 했다. 인공신경망 등 다양한 AI 모델에 대한 낯선 개념들과 복잡한 코딩 언어에 익숙해지기 위하여 노력하였다. 매일 아침 출근 전 새벽 시간을 이용해 독학을 하고, 퇴근 후에는 밤늦도록 해외 유명 AI 관련 온라인 강의를 들으며 새로운 지식을 채워 나갔다.

그사이 세상은 빠르게 변하고 있었고, 인공지능의 발전은 단순한 학문적 관심을 넘어 사회 전반으로 확산되었다. 산업현장에서 만난 사람들은 하나같이 말했다.

"이제는 인공지능 없이는 아무것도 할 수 없다."

기업들은 새로운 기술 개발 과정에서 인공지능을 어떻게 적용할 수 있을지 묻고, 제품 개선을 위해 어떤 모델이 필요할지, AI를 어떻게 적용할지에 대하여 자문을 요청했다. 나는 연구자가 아닌 협력자로서, 과학자이자 동시에 실무의 조력자로서 새로운 역할을 맡게 되었다.

### 나의 길을 개척하는 혁신과 도약

천체물리학자에서 인공지능 학자로의 전환은 단순히 전공을 바꾼 것을 넘어, 나 자신을 재정의하는 과정이었다. 학문 간 융합적 적용이 가능하여 많은 산업체, 연구자들과의 교류 기회가 많아지면 나의 연구 영역도 확장되는 계기가 되었다.

이는 나를 낯선 분야에 도전하고, 실패를 두려워하지 않고, 새로운 가능성을 탐색하는 혁신적인 사람이 되도록 하는 계기가 되었다. 그 과정에서 나는 스스로 한계를 넘어 앞으로 나아갈 수 있다는 깊은 깨달음을 얻었다. 이공계 여성과학자로서 겪는 어려움은 내가 극복해야 할 허들이었지만, 동시에 나를 더욱 강하게 만들고 새로운 길을 개척하는 원동력이 되었다.

지금도 나는 매일 새로운 허들을 넘고 있다. 기술은 빠르게 변하고, 나는 끊임없이 배우고 도전해야 한다. 늘 새로운 이론과 기술이 나오는 것에 두렵고 한계를 느끼게 되는 경우도 많지만, 이를 극복하고자 항상 나 자신을 다독이면서 나아가고 있다. 이는 지금 시대를 살고 있는 모두가 극복해야 할 것들이다. 새로운 변화에 누가 더 잘 적응하는지가 중요한 시대이기 때문이다. 찰스 다윈은 『종의 기원』에서 이러한 말을 했다.

"최후까지 살아남는 사람들은 가장 힘이 센 사람이나 영리한 사람들이 아니라, 변화에 가장 민감한 사람들이다."

이 말이 지금 시대를 살아가는 우리에게 가장 필요한 것이 아닌가 한다. 나는 나의 경험이 앞으로 이공계 진로를 고민하는 많은 여성 후배들에게 작은 영감이라도 줄 수 있기를 바란다. 우리가 마주하는 어려움은 결코 좌절의 이유가 될 수 없으며, 오히려 혁신과 도약을 위한 밑거름이 될 수 있다는 것을 이야기해 주고 싶다. 우리에게 필요한 것은 오직 용기와 끊임없는 도전으로 변화에 민감하게 반응하여 나아가는 것이다.

# 보이지 않는 것을 설계하는 여정

이가은

삼성전자 삼성리서치 Senior designer

고려대학교 디자인조형학부와 산업경영공학(인간공학)을 전공하고, 삼성전자에 UX 디자이너로 입사하였다. 사내 연구소에서 사람과 기술 간의 상호작용(Human-Robot Interaction, HRI)을 연구하며, 최근 기술경영학 박사 학위를 취득하였다. 디자인, 공학, 경영이라는 각기 다른 영역을 통합적으로 경험하고 적용하며, 기술과 사람, 조직을 연결하는 통찰력을 키워 왔다. 현재는 사내에서 혁신과 조직, 고객 경험 중심 사고를 기반으로 한 코치로 활동하며, 사람 중심의 변화와 혁신을 연구하고 있다.

## 무엇을 좇으며, 누구와 함께하느냐

　최근 어릴 적 성적표를 우연히 찾아보곤 웃음이 나왔다. 수학과 과학 성적이 '가'였다. 수우미양가의 그 '가' 맞다. 성적표에서 보여 주듯 학창 시절 나는 머리가 좋은 아이가 아니었다. 학구열이 높은 환경에서 자라며 다양한 교육을 경험했고, 오랜 시간 독서실에 머물렀지만 친구들과 수다를 떨거나 계획만 잔뜩 세우고 늦은 시간 집에 돌아오면 그것이 꽤나 만족스러운 학창 시절이었다.

　클라리넷으로 예술중학교 입시를 준비하고 도전했지만 실패하였고, 고등학교 과정 후 대입 과정도 입시를 실패하고, 이후 유학 준비도 좌절을 겪으며 방향을 잃었다. 그럼에도 불구하고, 나는 늘 막연히 '성공'이라는 단어에 큰 의미를 두며 열심히 살아야 한다고 생각했다. 세상이 주입한 기준이기도, 나 스스로 그려 낸 막연한 이상이기도 하였다. "무엇을 좇으며 살아야 하는가?", "내가 진짜 원하는 삶은 무엇인가?"라는 질문을 품기 시작했다. 이후의 삶은 그 질문을 따라가는 여정이었다.

　사람은 쉽게 바뀌지 않는다. 나 역시 그랬다. 막연한 미래가 불안하고, 남과 비교하며 내가 어디로 가고 있는지도 모른 채 이유도, 정의도 모를 '성공'을 하고 싶었다. 20대 초, 방황의 시기에 감사하게 인생의 멘토들을 만나게 되었다. 무엇을 해야 할지가 아니라 내가 누구인지, 어떤 사람으로 살고 싶은지, 나도 모르는 나를 관찰하고 발견하게 도와주셨다. '정체성과 인생 그리고 의미'라는 중요한 인생의 질문을 마주하게 되었다. 그 시간들이 나를 점차 바꾸었다.

　또한, 미적분을 모르는 내가 공학 대학원에 도전하고 조교를 하고, 공부와는 거리가 먼 내가 첫째 아이를 낳고 박사과정까지 도전하였다.

새로운 분야에 도전할 수 있었던 이유는 삶을 바라보는 관점과 그 과정에서 용기를 주신 많은 분들 덕분이다. 구하고 찾고 두드리라는 말과 같이 그렇게 실천할 때에 소중한 기회와 인연들이 연결되었다.

디자인 전공자가 '공학'이라는 무모한 도전을 할 때 선뜻 받아 주신 교수님과 기술을 넘어 경영의 관점을 확장케 때를 따라 도우신 지도 교수님과 많은 스승님들께 감사하다. 혼자서는 도저히 할 수 없는 여정이 누구를 만나느냐에 따라 이렇게 새로운 길이 되었다. 때를 따라 함께 걸어 준 사람들을 통해 지금도 나는 디자인, 인간공학, 경영학이라는 서로 다른 세계를 넘나들며 보이지 않는 가치를 좇는 여정을 하고 있다.

## 서로 다른 점들, 선이 되다

입사 후, 사내 기술 연구소에서 UX(User eXperience) 디자이너로 선행 기술 기반의 다양한 연구 개발에 참여하였다. AI(Artificial Intelligence) 서비스, 로봇, 플랫폼 등 새로운 기술과 서비스를 사용자 중심으로 설계하고 구현하는 과정은 매우 도전적이었다.

로봇 연구를 진행하면서, 오히려 사람이 얼마나 섬세하고 체계적으로 설계되어 있는가를 새롭게 발견하며 즐거운 성장의 시간들을 보내었다. 날로 빠르게 진보하는 기술을 바라보며, "새로운 기술의 발전이 사람과 시장에 어떤 의미와 가치를 주는가?"를 묻게 되었다.

사용자의 경험을 기술과 연결하기 위해서는 기능의 구현뿐 아니라 사람의 삶과 시장에 대한 총체적인 이해와 접근이 필요했다. 기술을 넘어 인간, 조직, 자원, 전략 등이 함께 고민되어야 한다는 확신을 가지게 되었고, 그렇게 '기술경영(Management of Technology, MOT)'이라는 학문에 관심을 가지게 되었다.

파독 근로자를 위한 기념 연주 - 베를린돔, 서울나눔클라리넷앙상블(2023)

박사과정 벤처 시장을 글로 배우는 시기와 맞물려 남편이 우연히 창업을 준비하며 벤처 시장과 다양한 관련 분야 선배 멘토분들을 만나게 되었다. 이러한 만남이 신기하게 봉사로 이어져 어릴 적 잠시 전공을 위해 연마하였던 악기를 통해 '나눔'이라는 가치를 삶에서 실천할 수 있는 기회를 얻었다. 예중 입시 실패의 경험이 음악을 통하여 위로와 감동, 행복을 전하는 아름다운 선이 되었다.

이렇게 거쳐 온 일련의 경험들이 점이 되고 또 선, 면이 되어 다른 가치를 만들어 내게 된 것이다.

## 실험과 도전 그리고 성장, SWITCH

첫째 아이를 출산할 2019년, 코로나라는 세계적인 큰 변수와 더불어 나도 박사과정에 도전할 기회를 얻었다. 현업에서 그간 궁금했던 제품 혁신 프로세스와 R&D 전략, 그리고 신기술 개발과 벤처 시장 등에 대하여 마음껏 공부하며 다양한 분야의 사람들을 만날 수 있었다.

자연스레 사내에서 소프트웨어 조직 문화 개선을 위한 새로운 역할을 수행할 기회를 얻었다. 소프트웨어 조직문화와 함께 스위치(SWITCH, SoftWare InnovaTion CoacHing) 사무국 활동을 시작하였다. 'CX(Customer eXperience) 코치'라는 새로운 업을 정의하고 역할을 수행하게 되었다.

이전의 UX 리서처(researcher) 경력이 사용자 중심 사고를 길렀다면, CX 코치는 조직과 고객, 그리고 비즈니스 사이의 다리를 놓는 작업이었다. SW 개발 조직 문화 혁신을 위한 다양한 워크숍과 교육 프로그램

# SWITCH WAY

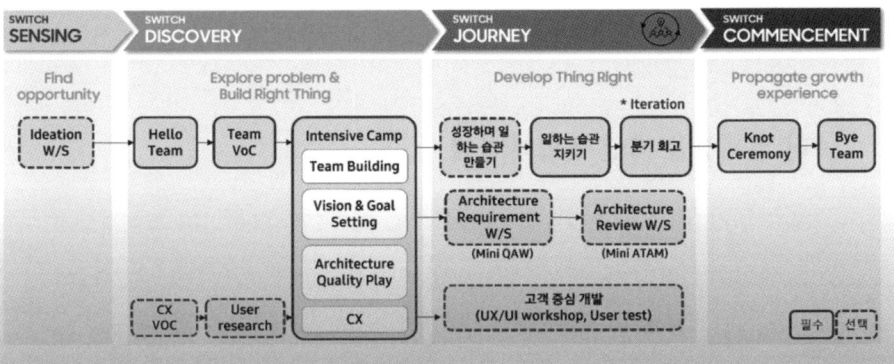

스위치 사무국의 일하는 방식 - SDC Korea(2023)

을 기획하고 운영하면서 고객 중심 사고를 실제 프로젝트에 적용하는 기반을 만들었다. SWITCH Way라는 일하는 방식의 전파를 통해 내/외부 고객들의 숨은 문제와 니즈를 파악하고, 팀이 문제를 해결할 수 있는 방법을 찾고 좋은 습관을 가질 수 있도록 돕는 것이다.

CX 코치 활동은 기술을 넘어 사람, 문화, 조직, 리더십의 영역으로 나를 넓혀 주었다. 나는 여전히 다양한 조직 구성원들과의 협업을 통해 단순히 프로젝트를 돕는 조력자를 넘어, 조직의 가능성을 여는 촉진자로 성장 중이다. 반복적이고 일관된 실험과 피드백들을 통해 작은 변화들을 마주하고 있다.

또한, 피터 드러커도 가장 이상적인 조직을 '오케스트라'의 비유를 통해 이야기하였듯 앞서 언급한 악기 봉사 활동을 통해서도 리더십과 경영에 대한 인사이트까지 덤으로 배우고 있다. 이론과 실무뿐 아니라 다양한 활동의 경계를 넘는 소중한 일련의 경험들이 나의 시야를 넓히는 데 큰 도움이 되고 있다.

## 여러 정체성을 지닌 복합다면체

'기술 전략'이라는 과목을 수강하면서 나의 '정체성'에 대해 적어 볼 기회가 있었다. '전략'과 '전술'은 전쟁에서 나온 용어로 '전략'이 큰 그림이고, '전술'은 그 전쟁에서 싸움을 이기는 방식이었다. 즉, 내 인생에 대해서도 정리가 필요했다.

코치이자 디자이너, 직장인이자 학생, 아내이자 엄마, 그리고 딸 등…. 나를 정의할 수 있는 수많은 정체성들이 있었다. 무엇이 우위인지 우열을 가리기 어려울 정도로 복합적인 나의 정체성들을 나열해 보면서 나의 인생의 방향과 가치를 다시금 정리해 보게 되었다.

나의 하루를 단편적으로 들여다보면 회사와 육아 등 분주하게 정신없이 돌아갈 때가 많지만, 매일매일 길지 않은 시간이라도 한정된 시간과 에너지를 잘 분배해서 쓰려고 노력하고 있다. 내가 추구해야 할 인생의 가치들에 대해 고민하는 시간을 의도적이고 정기적으로 가지는 한다.

'설계도 없는 공사'가 위험하고, '설계도만 있는 삶'도 실행이 뒷받침되지 않으면 의미가 없다는 것을 많이 공감한다. 설계도를 그리되 내가 가진 자원(시간, 에너지, 힘 등)을 인식하고 배분하며, 올바른 방향을 위해 최선을 다하고 조정해 나가는 삶을 추구하고 있다.

성적표 속 '가'는 나의 출발점이지만, 결과보다 동기, 효율보다는 의

아내, 엄마, 딸 & 코치, UX 리서처, 직장인 & 학생

보이지 않는 것을 설계하는 여정

미와 가치 그리고 과정에서의 나눔과 만남을 더 소중히 여기게 되었다. 다양한 조직에서의 문제 해결, 현장 경험, 전략적 연구, 사람 중심 사고를 바탕으로 속한 조직과 사회에 의미 있는 가치를 창출해 내는 것이 방향이자 목표이기 때문이다.

4차 산업 시대에 필요한 인재는 통합적 사고력을 가진 융합형 인재라는 말을 많이 한다. 내가 과연 그런 사람인지 스스로 의구심이 들기는 하지만, 걸어온 경험의 연장선을 들여다보며 이 소중한 여정이 누군가에게 통찰과 소망이 되어 도전의 힘이 되기를 바란다. 점과 점이 만나 선이 되고 면이 되며 가치를 만들어 내듯 말이다.

보이지 않지만 중요한 것들, 그것의 가치를 발견하고 의미를 부여하며 연결하는 일이 내가 가장 잘할 수 있는 일이기에, 나는 그 길을 계속 걸어가고자 한다.